Klassische Korean Kurzgeschichten für Sprachlerner

ISBN 9791188195763

Hye-min Choi

marketing@newampersand.com

www.newampersand.com

Inhaltsverzeichnis

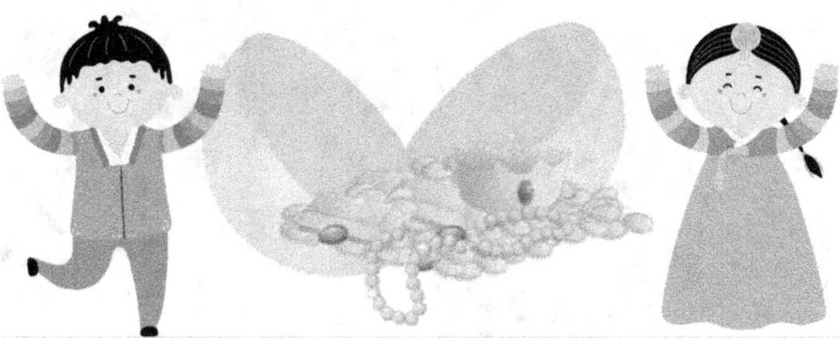

Audiodateien finden Sie unter **newampersand.com/geschichte**

Warum koreanische Volksmärchen studieren?

Ganz gleich, ob Sie ein K-Pop-Fan, ein Fan koreanischer Dramen oder ein angehender Experte für Koreanistik sind – mit Geschichten Koreanisch zu lernen ist eine großartige Möglichkeit, nicht nur die für die Kommunikation notwendigen Fähigkeiten zu erwerben, sondern auch ein tiefes Verständnis für die Kultur und Ideologie zu entwickeln, in der die Sprache verwendet wird. Ohne den kulturellen und historischen Hintergrund eines Wortes, eines Ausdrucks und einer Geschichte zu kennen, können Sie die feinen Unterschiede in den Nuancen nicht erkennen, weil Sie den Kontext, in dem sie verwendet werden, nicht genau verstehen.

Mit Volksmärchen, die den sprachlichen Aspekt mit dem kulturellen und historischen Aspekt verbinden, können Sie die Grammatik und die Ausdrücke der Koreaner verstehen lernen und Ihren koreanischen Wortschatz erweitern. Außerdem können Sie einen Blick in die traditionelle Ideologie der Koreaner werfen, so dass Sie verstehen können, warum die Koreaner tun, was sie tun. Lassen Sie uns also eine Reise in die alten Tage Koreas unternehmen, und wenn wir zurück sind, werden auch Sie einen tiefen Einblick in die koreanische Kultur gewinnen. Doch zunächst finden Sie hier einige nützliche Informationen, die Ihnen den Einstieg erleichtern werden.

Hojakdo 호작도 (Gemälde von Tiger, Elster und Kiefer)

Bansangdo, 반상도 Yangban (die Adligen und die Bürgerlichen - Kim Deuk-sin (1754-1822)

Traditionelle koreanische Ideologie (Yugyo und Schamanismus) in Volksmärchen

Korea übernahm den Konfuzianismus, oder yugyo 유교 auf Koreanisch, der von dem chinesischen Philosophen Konfuzius entwickelt wurde, bereits in der Zeit der Drei Reiche (57 v. Chr. – 668 n. Chr.) als Kernphilosophie und erreichte seinen Höhepunkt während der Joseon-Dynastie (1392 – 1897). Im Laufe der Zeit entwickelte sie sich allmählich zu etwas mehr als einer Ideologie. Sie wurde zu einer Zivilisation, die das nationale System, die Politik sowie das Recht und die Ordnung bestimmt. Seine grundlegenden Elemente sind **Treue, Loyalität, Hierarchie und Gehorsam**, und das sind die Themen, die immer wieder in den Volksmärchen auftauchen, die Sie in den nächsten Kapiteln lesen werden (Sie können diese Eigenschaften sogar in modernen koreanischen Dramen oder Filmen wiederfinden), also halten Sie Ausschau danach!

Die Modernisierungsbestrebungen im 19. Jahrhundert führten jedoch zu einem erheblichen Zusammenbruch der bestehenden yugyo-Ordnung, da koreanische Reformer die falsch interpretierten und oft missbrauchten yugyo-Bräuche für den Rückstand gegenüber anderen fortschrittlichen Ländern verantwortlich machten. Einige der Beispiele sind eine übermäßig strenge Hierarchie, die Ablehnung des Handels und die Bevorzugung von Gelehrten, eine patriarchalische Gesellschaft und Vetternwirtschaft.

Aus diesem Grund gelten yugyo-Puristen im heutigen Korea als überholt, und die Koreaner haben eine Gesellschaft, die auf den Kernwerten von yugyo aufbaut, durch die Akzeptanz und Durchführung notwendiger Veränderungen effektiv erhalten.

Wie sah eine traditionelle koreanische Familie aus?

Traditionell war die koreanische Familie eine patrilokale Stammfamilie (d. h. ein Mann bleibt nach Erreichen der Volljährigkeit im Haus seines Vaters wohnen und bringt seine Frau zu seiner Familie, während Töchter das Geburtshaus verlassen mussten, wenn sie heirateten), und es war typisch, dass große Familien aus mehreren Generationen bestanden, einschließlich der Großeltern, ihres ältesten Sohnes und dessen Frau sowie deren Kinder (als landwirtschaftliche Gesellschaft waren mehrere Kinder die Norm, um Arbeitskräfte zu beschaffen).

Was die Hierarchie innerhalb der Familie betrifft, so stehen die Männer in absteigender Reihenfolge ihres Alters an der Spitze, was vor allem auf die beiden Hauptprinzipien des yugyo zurückzuführen ist: Das Männchen dominiert das Weibchen und das Ältere dominiert das Jüngere. Auch weil nur ein Sohn die Familienlinie fortsetzen konnte, führte dies zur Bevorzugung von Söhnen.

Unter den männlichen Kindern galt der Älteste, der jangnam 장남 als wichtigste Säule der Familie angesehen und erhielt eine bevorzugte Behandlung, zum Beispiel das Erben der meisten, wenn nicht aller, Familiengüter. Gleichzeitig musste er jedoch nach der Heirat bei ihren Eltern leben und sich um sie kümmern und war dafür verantwortlich, ein jesa 제사 (Ahnenriten) durchzuführen, nachdem ihre Eltern verstorben waren.

Für Frauen waren sie trotz ihres niedrigeren Status und ihrer eingeschränkten Rolle das Objekt der Ehrfurcht und des Respekts. Als Ehefrauen waren sie für die Finanzen der Familie und die häuslichen Angelegenheiten zuständig, und als Mütter für die Erziehung ihrer Kinder. Die weiblichen Kinder erhielten keine systematische yugyo-Erziehung, aber die Mütter lehrten sie, die yugyo-Tugenden, die Frauen zugestanden werden, sowie die Rolle der Frau zu verinnerlichen, indem sie von klein auf Hausarbeiten lernten. Von Kindheit an gab es unterschiedliche Bildungsprozesse und Rollen für Jungen und Mädchen.

Schamanismus

Traditionell glauben die Koreaner neben dem Buddhismus auch an den Schamanismus. Sie glaubten an göttliche Wesen, die die Natur beherrschen, wie Berge und Meere, sowie an Geister in alten Gegenständen. Außerdem glaubten die Koreaner, dass es den absoluten Wesen im Himmel oblag, über Leben, Tod, Belohnung und Bestrafung der Menschen zu entscheiden. Durch diesen Glauben glaubten die Koreaner, dass alles im Leben durch die Vorsehung der Natur geschieht und dass sie sich an die gegebene Umgebung anpassen, ihr Bestes geben und ein gutes Leben führen müssen, sonst würde der Himmel sie bestrafen.

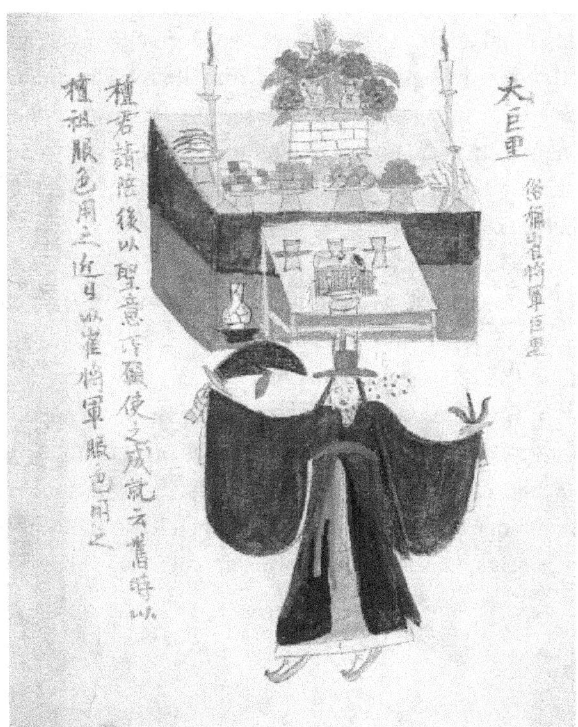

Eine Illustration aus Mudangnaeryeok 무당내력, einer Zusammenstellung der traditionellen koreanischen Schamanen-Exorzismusmethoden in der späten Joseon-Dynastie (1800). Es befindet sich derzeit in Gyujanggak, Seoul National University.

Formelle vs. Informelle Sprache

Eine weitere Sache, die sich je nach sozialer Hierarchie auf der Grundlage von Alter und sozialem Status (d. h. der Rang) ändert, ist die Art, wie sie miteinander sprechen. Einfach ausgedrückt: Gegenüber jemandem, der älter oder ranghöher ist als Sie, müssen Sie eine formelle Sprache verwenden, während das Gegenteil, die kausale Sprache, gegenüber jemandem verwendet wird, der jünger oder rangniedriger ist als Sie. Für einen Anfänger ist es am einfachsten, das Ende eines Satzes zu betrachten. Wenn sie entweder auf ~yo 요 ~nida ~니다 ~kka? ~까? enden, sind sie höchstwahrscheinlich jondaetmal 존댓말, formelle Sprache.

Umgekehrt können Sie banmal 반말 („informelle/beiläufige Rede") verwenden, wenn Sie mit jemandem sprechen, der jünger, gleichaltrig oder rangniedriger ist, oder mit jemandem, zu dem Sie ein Gefühl der Nähe und Intimität entwickelt haben. Sie können diese erkennen, da sie in der Regel entweder auf ~da 다 ~ida 이다 ~na? 나? enden. Die Art und Weise, wie die Geschichten in diesem Buch erzählt werden, ist hauptsächlich formal für die Erzählung und eine Kombination aus formal und beiläufig für die Dialoge. Wir haben versucht, Ihnen in diesem Buch so viele Variationen wie möglich zu zeigen, damit Sie sehen können, wie sie sich in realen Situationen auswirken.

Bevorzugung von Titeln gegenüber Namen

Neben jondaetmal und banmal ist die Verwendung von Bezeichnungen anstelle von Namen im öffentlichen Raum (z. B. am Arbeitsplatz) oder bei formellen Anlässen (z. B. bei einer Konferenz) eine weitere Methode, mit der die Koreaner in der gesprochenen Sprache soziale Hierarchien aufrechterhalten. In Korea ist es unangemessen oder sogar unhöflich, jemanden beim Namen zu nennen. Aber natürlich geht das auch zwischen Freunden und Eltern von Kindern (nicht andersherum).

Zum Beispiel wird das Suffix daek 댁 wird verwendet, um eine verheiratete Frau zu bezeichnen, die aus dieser Region stammt (z. B. Busan daek 부산댁 bedeutet eine verheiratete Frau, die aus Busan stammt). Auch wenn sie nicht verwandt sind, nennen sich die Menschen gegenseitig mit familiären Begriffen wie hyung 형 (älterer Bruder), nuna 누나 (ältere Schwester), samchon 삼촌 (Onkel), imo 이모 (Tante). Das bringt Nicht-Koreaner dazu, sich zu fragen, ob alle Koreaner miteinander verwandt sind! Es ist einfach eine Art, wie Koreaner ihre Zuneigung zeigen und miteinander auskommen. Im Folgenden finden Sie eine praktische Tabelle mit einigen der häufigsten koreanischen Bezeichnungen, die Sie in koreanischen Dramen hören.

Wie Sie dieses Buch verwenden

<u>Audiodateien herunterladen und anhören</u>
Zu jeder Geschichte gibt es eine herunterladbare MP3-Datei, die von einem professionellen koreanischen Synchronsprecher aufgenommen wurde, damit Sie die richtige Aussprache lernen können. Um Ihre Lernerfahrung zu maximieren, haben wir zwei Versionen erstellt.

- Normale Geschwindigkeit – Lernen Sie, wie die Koreaner in normalen Situationen sprechen würden.
- Langsame Geschwindigkeit – Lernen Sie, wie jedes Wort und jeder Ausdruck ausgesprochen wird.

<u>Paralleltext</u>

Ein Paralleltext, also ein Text, der seiner Übersetzung gegenübergestellt wird, ist dank zahlreicher Vorteile eine der effektivsten Methoden, um eine neue Sprache zu lernen. Aus diesem Grund wurden zahlreiche klassische Werke aus aller Welt auf diese Weise übersetzt. Neben vielen anderen Vorteilen lenkt es die Aufmerksamkeit der Lernenden auf:

- sprachliche und kulturelle Unterschiede.
- die Bedeutung, Struktur und wortschatzbezogene Aspekte.
- das Finden von Gemeinsamkeiten und Unterschiede in literarischen Mitteln wie Redewendungen und Metaphern.

Es ist eine optimale Wahl für Studenten, die im Selbststudium lernen, denn sie können die Bedeutungen im Text finden und im Kontext lesen, ohne auf einen Lehrer angewiesen zu sein. Dieses für Anfänger optimierte Buch wird Ihnen helfen, ein gründliches Verständnis der koreanischen Sprache zu erlangen.

<u>Kulturnote</u>
Lernen Sie, wie die Geschichten entstanden sind, indem Sie die kulturellen und historischen Aspekte verstehen, damit Sie die Geschichten, einschließlich ihrer versteckten Bedeutungen und Nuancen, voll und ganz schätzen können.

<u>Leseverständnis</u>
Testen und entwickeln Sie Ihr koreanisches Leseverständnis mit Quizfragen zu den Geschichten.

<u>Vokabeln und Sprichwörter</u>
Lernen Sie über 700 wichtige koreanische Wörter, die in den Geschichten und den dazugehörigen Sprichwörtern vorkommen.

*Ein Wort zur Romanisierung: Das Buch enthält keine Romanisierung, da dies kein effektives Hilfsmittel zum Erlernen der korrekten Aussprache der gesprochenen Sprache ist, da das römische Alphabet (kein anderes Alphabet kann das, außer dem koreanischen übrigens) die koreanische Aussprache nicht transkribieren kann. Lernen Sie stattdessen die genaue Aussprache des gesprochenen Koreanisch mit unseren Audiodateien und dem koreanischen Alphabet.

나무꾼과 호랑이 형님
Der Holzfäller und der Tigerbruder

옛날 한 나무꾼이 산을 지나다가 호랑이를
만났습니다. 겁이 난 나무꾼은
위기를 피하기 위해 호랑이에게 말했습니다.

"아이고 형님! 우리 어머니께서 말씀하시길
저에게 형이 하나 있는데 죽어서 호랑이가
되었다고 하더니 바로 그 형님이시군요!
우리 어머님이 형님을 그리워하니 당장
뵈러 갑시다!" 라고 말했습니다.

호랑이가 그 말을 믿고서,

"지금 당장 우리 어머니를 뵙고 싶지만,
호랑이의 모습으로 그럴 수 없다"라고
거절했습니다.

자신이 사람이라고 믿었던 호랑이가
그때부터 꼬박꼬박 집 앞마당에 돼지를
가져다 놓았어요.

Es war einmal ein Holzfäller, der auf dem
Weg durch die Berge einen Tiger traf.
Um die Krise zu vermeiden, sagte der
verängstigte Holzfäller dem Tiger,

„Oh, mein Bruder! Unsere Mutter hat mir
erzählt, dass ich einen älteren Bruder habe,
der gestorben und ein Tiger geworden ist,
und das bist du! Unsere Mutter vermisst
dich, also lass uns sofort zu ihr gehen!"

Der Tiger glaubte das und lehnte das
Angebot ab, indem er sagte,

„Ich möchte jetzt unsere Mutter sehen, aber
das kann ich nicht in Form eines Tigers."

Der Tiger, der glaubte, er sei ein Mensch,
begann, Schweine in den Vorgarten des
Hauses zu bringen.

그 덕분에 나무꾼과 어머니는
부자로 살게 되었습니다.

몇 년 뒤 어머니께서 돌아가시자 호랑이가
돼지를 가져다 놓는 일도 멈췄습니다.

궁금해진 나무꾼이 호랑이가 살던 굴에
가 보니 새끼 호랑이들이 있었습니다.
새끼들에게 이유를 물으니,

"우리 할머니는 인간인데 할머니께서
돌아가셨어요. 그리고 아버지도 슬퍼서 밥을
먹지 않아서 돌아가셨어요"라고 말했습니다.

나무꾼은 호랑이의 효성에 감동해서 어머니
묘옆에 호랑이의 묘를 만들어 주었습니다.

Dank dessen wurden der Holzfäller und seine
Mutter reich.

Ein paar Jahre später, als die Mutter starb,
brachte der Tiger keine Schweine mehr.

Der neugierige Holzfäller ging zu der Höhle,
in der der Tiger lebte, und fand Tigerbabys.
Auf die Frage, warum der Tiger keine
Schweine mehr bringt, antworteten die
Tigerbabys,

„Meine Großmutter war ein Mensch, aber sie
ist verstorben. Und auch unser Vater starb,
weil er nicht mehr aß, weil er traurig war."

Der Holzfäller war gerührt von der Pietät des
Tigers und baute ein Grab für den Tiger
neben dem Grab seiner Mutter.

Kulturnote

Vokabeln

옛날 Vergangenheit 한 ein 나무꾼 Holzfäller

지나다 vergehen 지나가다 beim Vorbeigehen 호랑이 Tiger

겁이 나다 hat Angst 겁이 난 erschrocken 위기 Krise

피하기 위해 um zu vermeiden 아이고 Oh (mein Gott)! 형님 älterer Bruder (Ehrentitel) 우리 wir 어머니 Mutter 말씀 Wort (Ehrentitel) 당장 der Moment

그리워하니 weil ich (jemanden) vermisse 그리워하다 vermisst

지금 jetzt 모습 Form 거절하다 ablehnen 자신 Selbst

사람 / 인간 Mensch 집 Haus 앞마당 Vorgarten 돼지 Schwein 덕분에 vermöge/dank 부자 Reiche 멈추다 halten 새끼 Baby

이유 Grund 할머니 Großmutter 밥 Essen 효성 Pietät

감동하다 wird gerührt 묘 Grab 만들어주다 baute für / anerschaffen

Sprichwörter

Leseverständnis

Wie hat sich der Holzfäller gefühlt, als er dem Tiger zum ersten Mal begegnete?

A. Glücklich B. Traurig C. Verängstigt D. Wütend

Der Holzfäller erzählte, dass sein älterer Bruder zum Tiger wurde, nachdem ...

A. Geburt B. Tod C. 18. Geburtstag D. Heirat

Der Tiger begann, Schweine zum Haus des Holzfällers zu bringen, um ...

A. Zeige kindliche Frömmigkeit wie ein Sohn.
B. Menschen davon abhalten, ihren Lebensraum zu betreten.
C. Sich über sie lustig machen.
D. Bring ihnen bei, wie man Schweine jagt.

Wann hat der Tiger aufgehört, Schweine zum Haus des Holzfällers zu bringen? _______ dem Tod der menschlichen Großmutter.

A. Ein paar Monate nach B. Ein paar Tage vor C. Während D. Ein paar Jahre nach.

Der Geschichte zufolge schienen die Tigerbabys nicht zu glauben, dass ihre Großmutter ein Mensch war.

A. Richtig B. Falsch

Nach dem Tod der menschlichen Mutter hörte der Tiger auf zu fressen, weil er _______ war.

A. zufrieden B. traurig C. ehrgeizig D. glücklich

Aus der Geschichte können wir schließen, dass der Holzfäller sich dem Tiger gegenüber _______ fühlte.

A. dankbar B. eifersüchtig C. wütend D. verwirrt

Answer : C / B / A / D / B / B / A / B

무엇이든 거꾸로 했던 청개구리
Der grüne Frosch, der alles andersherum machte

옛날 옛적, 어느 작은 연못에 엄마 청개구리와
아들 청개구리가 살고 있었습니다.

Es war einmal eine grüne Froschmutter und ein grüner
Froschsohn, die in einem kleinen Teich lebten.

아들 청개구리는 엄마 청개구리의 말을
듣지 않고 무엇이든 반대로 했습니다.

Der grüne Froschsohn hörte nicht auf seine Mutter und
tat das Gegenteil von dem, was sie sagte.

엄마 청개구리가,

Wenn die Mutter des grünen Frosches sagt,

"숲속에는 뱀이 많아 위험하니
가지 말아라"고 하면,

dass er nicht in den Wald gehen soll, weil es dort viele
Schlangen gibt,

아들 청개구리는 일부러 숲에 놀러 갔습니다.

geht der Sohn des grünen Frosches absichtlich
in den Wald.

아들 청개구리 때문에 엄마 청개구리는
매일 걱정을 했습니다.

Die Mutter des grünen Frosches war jeden Tag wegen
ihres Sohnes besorgt.

엄마 청개구리는 결국 병이 나서 쓰러졌습니다.

Die grüne Froschmutter wurde schließlich krank und
brach zusammen.

죽음이 다가온 것을 알게 된
엄마 청개구리는
아들 청개구리에게 말했습니다.

Als die grüne Froschmutter wusste, dass der Tod nahte,
sagte sie zu ihrem Sohn,

“아들아, 나는 이제 얼마 살지 못할 것 같구나.
내가 죽으면 꼭 냇가에 묻어다오.”

사실, 엄마 청개구리는
산에 묻히기를 원했습니다.

하지만 이렇게 말을 해야, 아들 청개구리가
반대로 산에 묻어주리라 생각했던 것입니다.

엄마 청개구리가 죽자,
아들 청개구리는 매우 슬펐습니다.

그리고, 자신의 잘못을 뉘우치며
엄마 청개구리의 마음을 이해했습니다.

'내가 엄마 말을 듣지 않아서
엄마가 돌아가신 거야.'

아들 청개구리는 후회했습니다.
하지만 이미 엄마는 하늘나라로 떠났습니다.

아들 청개구리는,
엄마의 마지막 소원을 들어주기로 했습니다.

그래서 엄마 청개구리를
냇가에 묻어 주었습니다.

하지만 비가 오면 엄마의 무덤이
냇물에 떠내려가지 않을까 걱정했습니다.

그래서 청개구리들은 비가 오면
항상 큰 소리로 우는 것입니다.

„Sohn, ich glaube, ich werde nicht mehr lange leben.
Wenn ich sterbe, musst du mich am Bach begraben.“

Eigentlich wollte die grüne Froschmutter im Berg
begraben werden.

Aber sie dachte, wenn sie das sagen würde, würde
der Sohn des grünen Frosches sie im Berg begraben
und das Gegenteil tun.

Als die grüne Froschmutter starb, war der grüne
Froschsohn sehr traurig.

Als er seinen Fehler bedauerte, verstand er, wie sich
die grüne Froschmutter fühlte.

*Meine Mutter ist gestorben, weil ich nicht auf das
gehört habe*, was sie gesagt hat.

Der Sohn des grünen Frosches bedauerte es, aber
seine Mutter war schon in den Himmel gegangen.

Der grüne Froschsohn beschloss, den letzten Wunsch
seiner Mutter zu erfüllen.

Also begrub er die grüne Froschmutter in der Nähe
des Baches.

Er war jedoch besorgt, dass das Grab seiner Mutter
bei Regen vom Bach weggespült werden könnte.

Deshalb schreien grüne Frösche laut, wenn es regnet.

Kulturnote

Diese Geschichte ist ein Volksmärchen, das uns lehrt, wie wichtig kindliche Frömmigkeit ist. Auf spielerische Weise erfährst du etwas über die Ökologie der Laubfrösche und die Bemühungen der Koreaner, Naturphänomene zu deuten, als die Wissenschaft noch nicht entwickelt war.

Vokabeln

어느 ein 연못 Teich 아들 Sohn 반대로 andersherum 숲 Wald 속 Innere
뱀 Schlange 위험 Gefahr 위험하니 weil es gefährlich ist 일부러 absichtlich
매일 jeden Tag 결국 schließlich 쓰러지다 brechen zusammen 죽음 Tod
다가오다 nähern 냇가 in der Nähe des Baches 꼭 müssen 산 Berg 원하다
wünschen 잘못 Fehler 뉘우치다 bedauern 마음 Herz
이해하다 verstand 돌아가시다 ist gestorben (Ehrentitel)
후회하다 bereuen 이미 schon 떠나다 gehen 소원 Wunsch 비 Regen

Sprichwörter

소 잃고 외양간 고친다.
(Wörtlich) Repariere den Stall, nachdem du die Kuh verloren hast.

Das ist eine sarkastische Bemerkung, die besagt, dass es sinnlos ist, etwas zu bereuen, nachdem die Dinge bereits schief gelaufen sind.

Leseverständnis

Der Geschichte nach können wir davon ausgehen, dass der Sohn des grünen Frosches immer einen Groll gegen seine Mutter hegte.

A. Richtig B. Falsch

Laut der Geschichte scheint der grüne Froschsohn keine Angst vor Schlangen zu haben.

A. Richtig B. Falsch

Welcher der folgenden Gründe ist der wahrscheinlichste Grund, warum die grüne Froschmutter sich Sorgen um ihren Sohn gemacht hat?

A. Er könnte zu viel lernen. B. Er könnte anderen grünen Fröschen in Not helfen.
C. Er könnte sich in gefährliche Situationen begeben.
D. Er könnte den Sinn des Lebens verstehen.

Der Geschichte zufolge ging die grüne Froschmutter davon aus, dass ihr Sohn nach ihrem Tod genau das tun würde, was sie von ihm verlangte.

A. Richtig B. Falsch

Der Sohn des grünen Frosches war traurig, weil ...

A. seine Mutter ihn gebeten hat, etwas zu tun, was er unmöglich alleine tun kann.
B. seine Mutter ihm kein Geld hinterlassen hat, von dem er leben kann. C. es jeden Tag regnen wird, wenn sie stirbt.
D. er verstand, wie sich seine Mutter gefühlt haben musste.

Hat der Sohn seine Fehler bereut?

A. Ja B. Nein C. Kann ich anhand der Geschichte nicht sagen.

Die grüne Froschmutter wollte eigentlich in der Nähe des Baches begraben werden.

A. Richtig B. Falsch

Answer : B / A / C / B / D / A / B

꾀 많은 토끼와 호랑이
Das schlaue Kaninchen und der Tiger

어느 날, 깊은 산 속 오솔길에서
토끼와 호랑이가 마주쳤습니다.

Eines Tages trafen sich ein Kaninchen und ein Tiger
auf einem tiefen Bergpfad.

"어흥! 배가 고프니 너를 잡아 먹어야겠다."

„Knurr! Ich bin hungrig, also werde ich dich
auffressen.“

호랑이가 으르렁거리며
토끼를 잡아먹으려고 했습니다.
하지만 영리한 토끼는 좋은 꾀가 떠올랐습니다.

Der Tiger knurrte und versuchte, das Kaninchen zu
fressen. Aber der schlaue Hase hat sich eine gute List
ausgedacht.

"호랑이님, 떡을 구워 드릴까요?"

„Herr Tiger, soll ich Reiswaffeln für dich grillen?“

떡을 좋아하는 호랑이는 침을 흘리며 고개를 끄
덕였습니다. 토끼는 불을 피우고 돌멩이
열 한 개를 주워왔습니다.

Der Tiger, der Reiswaffeln mochte, sabberte und
nickte. Das Kaninchen machte ein Feuer und hob elf
Steine auf.

그리고, 떡과 함께 먹을 김칫국을
가져오겠다고 말했습니다.

Es sagte, es würde Kimchi-Suppe bringen, die man zu
den Reiskuchen essen kann.

"호랑이님, 떡을 굽고 있으세요.
제가 김칫국을 가져오는 동안 떡이 익을 거예요.
하지만 떡은 딱 열 개니까 먼저 먹으면 안 돼요."

„Herr Tiger, bitte grille die Reiskuchen.
Der Reiskuchen wird gekocht, während ich meine
Kimchi-Suppe bringe. Aber es gibt nur zehn
Reiskuchen, also solltest du sie nicht zuerst essen.“

토끼는 재빨리 사라졌습니다.

호랑이는 기다리다 지쳐,
떡의 개수를 세어보았습니다.
열 개인 줄 알았던 떡은
열 한 개였답니다.

배가 고팠던 호랑이는 몰래
떡 하나를 먹기로 했습니다.

구워지고 있는 떡 중
가장 큰 떡을 하나 집어
얼른 입에 집어넣었지요.

"으악! 뜨거워!"

불에 잘 달구어진 돌멩이는
호랑이의 배 속을 고통스럽게 만들었습니다.
하지만 이미 토끼는 멀리 도망친 후였습니다.

Das Kaninchen verschwand schnell.

Der Tiger wurde des Wartens müde,
also zählte er die Anzahl der Reiskuchen.
Es waren elf Reiskuchen, aber der Tiger
dachte, es wären zehn.

Der hungrige Tiger beschloss, heimlich
einen Reiskuchen zu essen.

Es nahm einen der größten gegrillten
Reiskuchen in die Hand und steckte ihn
schnell in den Mund.

„Ahh! Er ist heiß!"

Der gut erhitzte Stein ließ den Magen des
Tigers schmerzen, aber das war schon,
nachdem das Kaninchen weit
weggelaufen war.

Kulturnote

Wie in der Geschichte von David und Goliath in der Bibel lautet die Moral der Geschichte, dass du, egal wie schwach du bist, Schwierigkeiten überwinden kannst, wenn du auch in gefährlichen Situationen Weisheit zeigst. Gleichzeitig warnt sie davor, dass du, egal wie stark du bist, besiegt werden kannst, wenn du auf die andere Person herabschaust.

Vokabeln

오솔길 Bergpfad 토끼 Kaninchen 마주치다 sich treffen 잡아먹다 auffressen 영리한 schlau 꾀 List 떠오르다 sich ausdenken 떡 Reiswaffel 침 Sabber 고개를 끄덕이다 nicken 불 Feuer 돌멩이 Stein 열 / 열한 개 zehn / elf *개 (Im Koreanischen haben die Wörter beim Zählen ein bestimmtes "Gegenwort" nach dem Subjekt/Objekt.) 먼저 zuerst 재빨리 schnell 사라지다 verschwinden 기다리다 warten 지치다 müde werden 개수 Anzahl 세어보다 zählen 배가 고프다 hungrig 몰래 heimlich 얼른 schnell 집어넣다 stecken 고통 Schmerzen

Sprichwörter

욕심 많은 놈이 참외 제쳐놓고 호박 고른다
(Wörtlich) Der Gierige wird die Birne beiseitelegen und den Kürbis wählen.

Übertriebene Gier macht dich blind und führt zu Verlusten.
*Die Birne wird in diesem Ausdruck als wertvoller wahrgenommen als der Kürbis.

Leseverständnis

Der Geschichte nach freute sich das Kaninchen darauf, den Tiger zu treffen.

A. Richtig B. Falsch

Der Tiger wollte das Kaninchen fressen, weil es.

A. Blind B. Stumm C. Hungrig D. Gelangweilt

Das Kaninchen bot dem Tiger aus Respekt an, Reiskuchen zu grillen.

A. Richtig B. Falsch

Das Kaninchen frisst gerne gekochte Steine.

A. Richtig B. Falsch

Der Tiger war wütend, als er erfuhr, dass es tatsächlich elf Reiskuchen gab, obwohl ihm nur zehn gesagt worden waren.

A. Richtig B. Falsch

Der Tiger dachte, selbst wenn er einen der Reiskuchen essen würde, würde das Kaninchen es nicht bemerken.

A. Richtig B. Falsch

Der Tiger hatte Schmerzen, weil der Reiskuchen nicht ganz durchgebraten war.

A. Richtig B. Falsch

낚시하는 호랑이
Der fischende Tiger

어느 추운 겨울날,
여우와 호랑이가 강가에서 마주쳤습니다.
호랑이는 앞발로 여우의 목을 세게 누르며
외쳤습니다.

An einem kalten Wintertag stießen ein Fuchs und ein Tiger am Fluss zusammen. Der Tiger brüllte und drückte mit seinen Vorderfüßen fest auf den Hals des Fuchses.

"너는 나의 저녁 식사다!"

„Du bist mein Abendessen!"

하지만 영리한 여우가 말했습니다.

Aber der schlaue Fuchs sagte,

"저에게 자비를 베푸시면, 싱싱한 물고기
잡는 법을 가르쳐 드리겠습니다."

„Wenn du dich erbarmst, werde ich dir beibringen, wie man frische Fische fängt."

물고기를 좋아하는 호랑이는 여우를
살려주었습니다.

Der Tiger, der Fisch mochte,
ließ den Fuchs los.

여우는 호랑이를 강가 한가운데로
데려갔습니다.

Der Fuchs brachte den Tiger in die Mitte des Flusses und sagte ihm,

그리고 얼음 구멍 속에 호랑이의 꼬리를
담그라고 했습니다.

er solle seinen Schwanz in das Eisloch tauchen.

"이렇게 꼬리를 담그고 있으면 물고기들이
와서 꼬리에 달라 붙을 것입니다."
라고 말했습니다.

„Wenn du deinen Schwanz so eintauchst, kommen die Fische und hängen an deinem Schwanz", sagte der Fuchs.

호랑이는 물고기를 먹는 상상에 들떴습니다.

Der Tiger war begeistert von dem Gedanken, Fisch zu essen.

하지만 시간이 지나자 점점 몸이
차가워졌습니다.

Doch mit der Zeit kühlte sein Körper
allmählich ab.

호랑이는 꼬리에 잔뜩 매달려 있는 물고기를
상상하며 참았습니다.

Der Tiger hielt durch und stellte sich vor,
dass Fische an seinem Schwanz hingen.

바로 그때, 갑자기 여우가 일어나서
집에 가겠다며 작별 인사를 건넸습니다.

. In diesem Moment wachte der Fuchs
plötzlich auf und verabschiedete sich und
sagte, dass er nach Hause gehen würde.

호랑이가 여우에게 어디에 가느냐고 물었고,
토끼가 대답했습니다.

Der Tiger fragte den Fuchs, wohin er
gehen würde, und der Fuchs antwortete,

"멍청한 호랑이가 꼬리를 빼내기 전에
서둘러 도망가야지요."

„Ich müsste schnell weglaufen, bevor der
blöde Tiger den Schwanz einzieht."

호랑이는 그제야 자신이 속아버린 것을
깨달았습니다.

Erst dann merkte der Tiger, dass er
getäuscht worden war.

하지만 호랑이는 전혀 움직일 수 없었습니다.

Aber der Tiger konnte sich nicht bewegen,

호랑이의 꼬리는 이미 얼음 구멍 속에서
얼어버렸기 때문입니다.

weil sein Schwanz bereits in dem Eisloch
eingefroren war.

호랑이는 멀리 사라지는 여우의 뒷모습을
바라볼 수밖에 없었습니다.

Der Tiger hatte keine andere Wahl, als auf
den Rücken des Fuchses zu schauen, der in
der Ferne verschwand.

Kulturnote

Füchse und Kaninchen sind Tiere, von denen die Koreaner glauben, dass sie sehr schlau sind. Die Moral der Geschichte ist, dass du eine schwierige Situation mit deiner Weisheit überwinden kannst. Wenn du zu gierig wirst und mehr willst als das, was du schon hast, wie der Tiger, wirst du am Ende verlieren, was du schon hast.

Vokabeln

추운 kalt 겨울 Winter 여우 Fuchs 앞발 Vorderfüße 외치다 brüllen 저녁 식사 Abendessen 자비 erbarmen 싱싱한 frisch 물고기 Fisch 한가운데 in die Mitte 얼음 Eis 구멍 Loch 꼬리 Schwanz 담그다 tauchen 상상 Gedanken 들뜨다 begeistert sein 시간 Zeit 작별 인사 sich verabschieden 어디에 wohin 대답하 다 antworten 멍청한 blöd 전에 bevor 서둘러 schnell 전혀 nicht 이미 bereits 때문이다 weil

Sprichwörter

바다는 메워도 사람의 욕심은 못 채운다
(Wörtlich) Du kannst den Ozean füllen, aber du kannst nicht die Gier der Menschen füllen.It

Es bedeutet, dass die Gier der Menschen grenzenlos ist.

Leseverständnis

Der Geschichte zufolge hatte der Tiger kein Abendessen, als er den Fuchs traf.

A. Richtig B. Falsch

Der Geschichte zufolge hatte der Fluss einen Bereich, der noch nicht zugefroren war.

A. Richtig B. Falsch

Nach der Geschichte können wir mit Sicherheit sagen, dass der Fuchs auch Fische mit seinem Schwanz fängt.

A. Richtig B. Falsch

Der Tiger konnte den Schmerz des eiskalten Wassers ertragen, denn er war begeistert von dem Gedanken ...

A. Fisch zu essen. B. Fisch zuzubereiten.
C. sowohl den Fisch als auch den Fuchs zu essen.

Der Fuchs dachte, der Tiger sei ...

A. mutig B. beängstigend C. dumm D. klug

Der Tiger muss sich gewünscht haben, dass er ...

A. einen längeren Schwanz hätte. B. er wusste, was der Fuchs vorhatte.
C. es nicht zu gruselig war. D. er schneller laufen könnte.

Aus der Geschichte können wir schließen, dass die größte Stärke des Fuchses seine ... sind.

A. Zähne B. Geschwindigkeit C. Sinn für Humor D. Weisheit

Answer : A / A / B / A / C / B / D

하늘이 더 잘 안다
Der Himmel weiß es besser

아주 오랜 옛날, 시골에 한 늙은 농부가
살고 있었습니다.

Vor langer Zeit lebte ein alter Bauer auf dem
Lande.

그는 수박을 재배하고 있었습니다.
그해에는 비가 많이 내리지 않았습니다.

Er hat Wassermelonen angebaut.
In dem Jahr hat es nicht viel geregnet.

어느 가을 날, 농부는 수박을 따러 나갔어요.

An einem Herbsttag ging der Bauer hinaus,
um die Wassermelonen zu pflücken.

하지만 가뭄 때문에, 예전만큼
수박이 크게 자라지 않아서 농부는
낙담했습니다.

Wegen der Dürre war der Bauer jedoch
enttäuscht, dass die Wassermelonen nicht so
groß wurden wie zuvor.

농부가 머리를 들어 보니
도토리나무가 있었습니다.

Als der Bauer den Kopf hob, stand dort ein
Eichelbaum.

멀리서 보니, 나뭇가지마다
도토리가 수천 개가 달린 것만 같았습니다.

Aus der Ferne sah es so aus, als wären an jedem
Zweig Tausende von Eicheln.

농부가 한숨을 내쉬며 말했습니다.

Der Bauer seufzte und sagte,

'저 나무에 도토리 대신
수박이 자라면 좋을 텐데!'

*Es wäre schön, wenn Wassermelonen anstelle
von Eicheln auf dem Baum wachsen würden!*

바로 그때, 다람쥐 한 마리가
도토리나무 위에 올라갔습니다.

In diesem Moment kletterte ein Eichhörnchen
auf den Eichelbaum.

그런데 나뭇가지가 흔들리면서
도토리 하나가 나무에서 떨어졌습니다.

Doch als der Ast schüttelte,
fiel eine Eichel vom Baum.

그 도토리는 나이 많은 농부의
정수리를 때렸습니다.

농부가 '아야!' 하고 소리쳤습니다.

농부는 아픈 정수리를 만지면서
생각했습니다.

'역시 하늘은 나보다 잘 아는구나.

만약 저 도토리가 아니라 그 큰 수박이었다면
내 머리는 박살이 났을 거야.'

Die Eichel traf den Kopf des alten Bauern.

Der Bauer rief: „Autsch!"

Dachte der Bauer, während er sich an den
Scheitel fasste,

*Wie erwartet, weiß der Himmel es besser als
ich.*

*Wenn es die große Wassermelone und nicht
die Eichel gewesen wäre, wäre mein Kopf
zerschmettert worden.*

Kulturnote

Die Moral der Geschichte steht im Einklang mit der traditionellen koreanischen Ideologie. Schätze den Lauf der Natur und tue dein Bestes, um unter den gegebenen Umständen fleißig zu arbeiten, anstatt gierig und unzufrieden zu sein.

Vokabeln

시골 auf dem Lande 늙은 alt 농부 Bauer 수박 Wassermelon 재배하다 pflücken 해 Jahr 가을 Herbst 가뭄 Dürre 낙담하다 enttäuscht sein 머리 Kopf 도토리 Eichel 나무 Baum 나뭇가지 Zweig 한숨 seufzen 대신 anstelle von 다람쥐 Eichhörnchen 흔들리다 schütteln 나이 많은 alt (나이 = das Alter / 많은 = viel) 정수리 Scheitel 때리다 treffen 아픈 Autsch 역시 wie erwartet 잘 besser 만약 wenn ...

Sprichwörter

(Wörtlich) Die Bohnen im Reis anderer Leute sehen größer aus.

Ein Ausdruck, der sich im übertragenen Sinne auf die menschliche Psyche bezieht, in der andere Menschen immer in einer besseren Situation zu sein scheinen als du, obwohl sie es vielleicht gar nicht sind.

Leseverständnis

Nach der Geschichte können wir davon ausgehen, dass Wassermelonen auch ohne Regen groß werden können.

A. Richtig B. Falsch

Der Bauer war enttäuscht, weil ...

A. es nicht viel geregnet hatte.
B. die Wassermelonen nicht mehr so groß wie früher sind.
C. die Wassermelonen nicht mehr so gut wie früher schmeckten.
D. er keine Käufer finden konnte.

Aus der Geschichte können wir schließen, dass die Eicheln in der Erde wachsen.

A. Richtig B. Falsch

Wenn Wassermelonen auf den Bäumen wachsen würden, so die Geschichte, gäbe es ...

A. mehr Wassermelonen B. weniger Wassermelonen
C. größere Wassermelonen D. kleinere Wassermelonen

Die Eichel traf den Kopf des alten Bauern, weil ...

A. ein Eichhörnchen sie versehentlich getreten hat.
B. der Wind sie vom Ast gestoßen hat.
C. der Baum erschüttert wurde. D. der alte Bauer dafür gebetet hat.

Aus der Geschichte können wir schließen, dass der alte Bauer die Lektion nicht gelernt hätte, wenn sie nicht passiert wäre.

A. Richtig B. Falsch

Aus der Geschichte können wir schließen, dass das Gefühl des Bauern gegenüber dem Himmel ... ist.

A. Ehrfurcht B. Wut C. Hass D. Verwirrung

Answer : A / B / B / A / C / A / A

코 없는 신랑과 입 큰 각시
Der Ehemann ohne Nase und die großmäulige Ehefrau

옛날에 코 없는 신랑과
입 큰 각시가 살았습니다.

Es war einmal ein neugieriger Mann und eine großmäulige Frau.

어느 날, 이웃 마을에 사는 친구가
생일잔치를 한다고 편지를 보내왔습니다.

Eines Tages schickte ein Freund, der in einem Nachbardorf wohnte, einen Brief, in dem er mitteilte, dass er ein Geburtstagsfest feiern würde.

코 없는 신랑과 입 큰 각시는 걱정이
태산이었습니다. 잔치에 가면,
사람들에게 놀림감이 될 것 같았습니다.

Der neugierige Ehemann und die großmäulige Frau waren sehr besorgt. Sie dachten, sie würden von den Leuten gehänselt werden, wenn sie zu der Party gingen.

"옳지, 여보. 좋은 생각이 났어요. "

„Das ist richtig, Schatz. Ich habe eine gute Idee“,

입 큰 각시가 코 없는 신랑에게 웃으며
말했습니다. 코 없는 신랑은 궁금해하며
그것이 무엇이냐 물었습니다.

sagte die großmäulige Frau lächelnd zu ihrem neugierigen Mann.
Der neugierige Ehemann war neugierig und fragte, was es war.

"당신 코는 양초를 녹여서 만들고, 제 입에는
밀가루 반죽을 붙이고 그 위에 화장을 하면
아무도 모를 거예요."

„Wenn wir deine Nase mit geschmolzenen Kerzen machen und mir Mehlteig auf den Mund schmieren, wird es niemand merken.“

부부는 기뻐하며 얼굴에 치장을
시작했습니다. 그리고 무사히
친구 생일잔치에 갈 수 있었습니다.

부부는 잔치에서 맛있는 음식들을
먹기 시작했습니다.

하지만 뜨거운 음식 때문에
신랑 코에 붙어 있던 양초 코가
녹아내리기 시작했습니다.

그것을 본 각시도 너무 크게 웃다가
입가에 붙은 밀가루 반죽이 떨어졌습니다.

그 광경을 본 사람들은 모두 웃었습니다.

결국 부부는 창피한 나머지
집으로 돌아오고 말았습니다.

"우리, 이제부터는 그냥 생긴 대로 삽시다."

그리고 그 후 입 큰 각시와 코 없는 신랑은
못생긴 걸 원망하지 않았습니다.

Das Paar begann, seine Gesichter mit Freude
zu schmücken. Und sie konnten ohne
Probleme zum Geburtstagsfest ihres
Freundes gehen.

Das Paar begann, bei dem Festmahl
köstliche Speisen zu essen.

Allerdings begann die Kerzennase, die an
der Nase des Mannes befestigt war, wegen
des heißen Essens zu schmelzen.

Die Frau, die das sah, lachte so laut, dass ihr
der Teig an der Seite des Mundes abfiel.

Jeder, der die Szene gesehen hat, hat gelacht.

Schließlich kehrte das Paar beschämt nach
Hause zurück.

„Lass uns von jetzt an einfach so leben,
wie wir aussehen.“

Und danach war es der Frau mit dem großen
Mund und dem neugierigen Ehemann nicht
mehr peinlich, hässlich zu sein.

Kulturnote

Die Moral von der Geschichte ist, dass du ein glückliches Leben führen kannst, wenn du positiv denkst, auch über deine Unzulänglichkeiten. Sie entspricht auch der traditionellen koreanischen Ideologie der kindlichen Pietät, die besagt, dass unser Körper ein kostbares Geschenk unserer Eltern ist.

Vokabeln

코 Nase 신랑 Mann 입 Mund 각시 Frau 이웃 Nachbar 마을 Dorf 친구 Freund
생일 Geburtstag 잔치 Fest 편지 Brief 걱정 besorgt sein 태산 sehr
놀림감이 되다 gehänselt werden 여보 Schatz 양초 Kerze 밀가루 Mehl
반죽 Teig 화장 schmieren 아무도 niemand 부부 Paar 기뻐하다 mit Freude
치장 schmücken 무사히 ohne Probleme 맛있는 köstlich 음식 Speise
뜨거운 heiß 녹아내리다 schmelzen 떨어지다 abfallen 광경 Szene
창피한 beschämt 그냥 einfach 원망하다 peinlich sein

Sprichwörter

뚝배기보다 장맛이 좋다.
(Wörtlich) Der Geschmack von Sojabohnenpaste ist besser als (das Aussehen) der irdenen Schale, in der sie geliefert wird.

Der Schein trügt oft. / Man kann ein Buch nicht nach seinem Einband beurteilen.

Leseverständnis

Nach der Geschichte wissen wir, warum der Mann keine Nase hat.

A. Richtig B. Falsch

Wie haben sie eine Einladung zu einer Geburtstagsparty erhalten?

A. Bote B. Telepathie C. Brief D. Zeitung

Als sie eine Einladung erhielten, fühlte sich das Paar ...

A. gedemütigt B. wütend C. hungrig D. besorgt

Die großmäulige Frau lächelte, weil ...

A. sie eine gute Idee hatte. B. sie nicht zur Feier zu gehen brauchte.
C. sie neue Schuhe kaufen konnte. D. das Haus des Freundes ganz in der Nähe war.

Aufgrund der Geschichte dachte das Paar, dass der Plan funktionieren würde.

A. Richtig B. Falsch

Der Geschichte nach zu urteilen, scheinen die Leute auf der Party ihr Make-up zunächst nicht bemerkt zu haben.

A. Richtig B. Falsch

Was hat die Nase des Mannes zum Schmelzen gebracht?

A. Kaltes Wetter B. Heißes Wetter C. Starker Wind D. Heißes Essen

Answer :B / C / D / A / A / A / D

은혜를 갚은 까치
Die Elster, die Freundlichkeit zurückzahlte

옛날 한 선비가 한양에 가기 위해
산을 지나고 있었습니다.

Es war einmal ein Gelehrter, der über einen Berg
nach Hanyang ging.

그는 산에서 구렁이가 새끼 까치를
잡아먹으려는 것을 보았습니다.

Er sah eine Python, die in den Bergen versuchte,
ein Elsterbaby zu fressen.

선비는 새끼 까치를 구해주기 위해서
구렁이를 죽였습니다.

Der Gelehrte tötete die Python,
um die kleine Elster zu retten.

시간이 흘러 밤이 되었습니다.
선비는 잠을 잘 곳을 찾다가 집을
발견했습니다.

Die Zeit verging und die Nacht kam.
Der Gelehrte fand ein Haus,
als er einen Schlafplatz suchte.

선비가 집에 도착하자,
아름다운 여인이 나와서 반겼습니다.

Als der Gelehrte bei dem Haus ankam, kam eine
schöne Frau heraus und begrüßte ihn.

여인은 선비가 하룻밤을 머물 수 있도록
허락해 주었습니다.

Die Frau erlaubte dem Gelehrten,
über Nacht zu bleiben.

한밤중, 잠을 자던 선비는 갑자기
숨을 쉴 수 없었습니다. 선비가 눈을 떠보니
커다란 구렁이 한 마리가 선비의 목을
단단히 조르고 있었습니다.

Mitten in der Nacht konnte der schlafende Gelehrte
plötzlich nicht mehr atmen.
Als der Gelehrte die Augen öffnete, wurde er von
einer großen Python fest gewürgt.

그렇습니다. 이 구렁이는 아까 낮에
선비가 죽인 구렁이의 아내였습니다.

Das ist richtig. Diese Python war die Frau des
Pythons, den der Gelehrte früher am Tag getötet
hatte.

선비는 구렁이에게 자비를 베풀어 달라고
했습니다. 하지만 구렁이는 남편의 복수를
해야 한다고 말했습니다.

대신, 구렁이는 날이 새기 전에 절에서
종이 세 번 울리면 선비를 풀어주겠다고
약속했습니다.

종을 세 번 울릴 방법이 없는 선비는
포기했습니다. 아침이 밝아 오자,
구렁이는 선비를 잡아먹으려고 했습니다.

바로 그때, 선비와 구렁이는 어디선가
종 치는 소리를 들었습니다.

종이 세 번 울리자 구렁이는 선비를
살려주었습니다. 구렁이는 멀리 사라졌습니다.

간신히 살아난 선비는 누가 종을 쳤는지
궁금했습니다. 선비가 종이 있는 곳으로
가보니 그곳에 어미 까치의 사체가
있었습니다.

자세히 보니 어미 까치의 머리에
피가 있었습니다.

어미 까치가 자신의 새끼를 살려준
은혜를 갚기 위해 자신의 목숨을
희생한 것이었습니다.

선비는 은혜를 갚고 죽은 까치를
잘 묻어주었습니다.

Der Gelehrte bat die Python, Gnade walten zu
lassen. Aber die Python sagte, sie müsse den
Ehemann rächen.

Stattdessen versprach er, den Gelehrten
freizulassen, wenn die Glocke im Tempel
dreimal läutet, bevor der Tag anbricht.

Der Gelehrte, der keine Möglichkeit hatte, die
Glocke dreimal zu läuten, gab auf. Als der
Morgen anbrach, versuchte die Python, den
Gelehrten zu fressen.

In diesem Moment hörten der Gelehrte und
der Python irgendwo eine Glocke läuten.

Als die Glocke dreimal läutete, rettete die
Python den Gelehrten. Der Python verschwand
weit weg.

Der Gelehrte, der nur knapp überlebte, fragte
sich, wer geklingelt hatte. Als der Gelehrte zu
der Stelle ging, wo die Glocke war, lag dort
der tote Körper einer Elstermutter.

Als ich genau hinsah, war Blut auf dem Kopf
der Elstermutter.

Die Elstermutter opferte ihr Leben, um sich
für die Rettung ihres Babys durch den
Gelehrten zu revanchieren.

Der Gelehrte begrub sorgfältig die Elster, die
sich für die Freundlichkeit revanchierte.

Kulturnote

Eine wichtige koreanische Idee ist es, Freundlichkeit zu erwidern. Den Eltern gegenüber treu zu sein, bedeutet auch, dass du deinen Eltern zurückzahlst, dass sie dich auf die Welt kommen ließen. In dieser Geschichte läutete die Elster die Glocke auf Kosten ihres Lebens, um es dem Gelehrten zurückzuzahlen. Sogar Elstern, die nur Tiere sind, zeigen Dankbarkeit für die Freundlichkeit von jemandem und wollen sie zurückzahlen. Die Elster ist eines der bekanntesten Tiere der Koreaner und gilt als Symbol für gute Nachrichten. Deshalb glauben viele Koreaner, dass, wenn Elstern schreien, willkommene Gäste kommen werden. Diese Geschichte gibt uns die Gelegenheit, an die Menschen zu denken, die uns geholfen haben, und dankbar zu sein.

Vokabeln

선비 Gelehrter 한양 Hanyang 구렁이 Python 까치 Elster 밤 Nacht 아름다운 schön 여인 Frau 허락해주다 erlauben 한밤중 Mitten in der Nacht 숨을 쉬다 atmen 목을 조르다 würgen 낮 am Tag 복수하다 rächen 절 Tempel 방법 Möglichkeit 살아나다 überleben 궁금해하다 sich fragen 어미 Mutter 은혜를 갚다 revanchieren

Sprichwörter

콩 심은데 콩나고 팥 심은데 팥 난다.
(Wörtlich) Du pflanzt Sojabohnen, du bekommst Sojabohnen. Wenn du rote Bohnen pflanzt, bekommst du auch rote Bohnen.

Eine metaphorische Aussage, dass alles Konsequenzen hat, die von der Ursache abhängen.

Leseverständnis

Der Geschichte nach schlich sich die Python in das Haus des Gelehrten, um die kleine Elster zu fressen.

A. Richtig B. Falsch

Der Gelehrte tötete die Python, um seine Frau zu schützen.

A. Richtig B. Falsch

Anhand der Geschichte können wir das Geschlecht der Python erraten: Sie ist weiblich.

A. Richtig B. Falsch

Die Python versuchte, den Gelehrten zu töten, indem sie ihn ...

A. vergiftete B. würgte C. fraß D. schubste

Welches ist die wahrscheinlichste Emotion, die der Python gegenüber dem Gelehrten hatte?

A. Freude B. Missgunst C. Zufriedenheit D. Verwirrung

Welches ist die wahrscheinlichste Emotion, die die Elster gegenüber dem Gelehrten hatte?

A. Dankbarkeit B. Wut C. Aufregung D. Enttäuschung

Die Geschichte besagt, dass die Elster die Glocke mit ihrem ... traf.

A. Schnabel B. Flügel C. Fuß D. Kopf

Answer :B / B / A / B / B / A / D

흥부전
Das Märchen von Heungbu

어느 날, 가난한 흥부는 형 놀부네 집에
찾아갔습니다.

놀부는 부모님의 유산을
혼자 모두 물려받아 부자였습니다.

흥부는 놀부의 아내에게, 돈과 먹을 것이
없어서 그러니 한 푼만 달라고 했습니다.

하지만 놀부의 아내는 밥주걱으로 흥부의
뺨을 세게 쳤습니다. 그리고 흥부를
내쫓았습니다. 뺨이 퉁퉁 불은 불쌍한 흥부는
자신의 초라한 오두막으로 돌아왔습니다.

어느 봄날, 제비가 흥부네 집 마당에
떨어졌습니다. 흥부가 자세히 살펴보니
제비의 다리가 부러져 있었습니다.
흥부는 제비가 불쌍해 다리를 고쳐주었습니다.

다음 해 봄날, 건강해진 제비가 흥부네 집에
날아왔습니다. 제비는 흥부에게 박씨를 주고
갔습니다. 흥부는 그 작은 박씨를 집 마당
한 쪽에 심었습니다.

Eines Tages besuchte der arme Heungbu das Haus
seines älteren Bruders Nolbu.

. Nolbu erbte das gesamte Erbe seiner Eltern allein und
war reich.

Heungbu bat Nolbus Frau, ihm einen Penny zu geben,
weil er kein Geld und kein Essen hatte.

Doch Nolbus Frau schlug Heungbu mit einem
Reispaddel und warf ihn hinaus. Der arme Heungbu,
dessen Wangen geschwollen waren, kehrte in seine
schäbige Hütte zurück.

An einem Frühlingstag fiel eine Schwalbe in den Hof
von Heungbu's Haus. Heungbu sah genau hin und
stellte fest, dass das Bein der Schwalbe gebrochen war.
Heungbu hatte Mitleid mit der Schwalbe, also
reparierte er ihr Bein.

Im nächsten Frühjahr flog die Schwalbe, die wieder
gesund wurde, in Heungbu's Haus. Die Schwalbe gab
Heungbu einen Kürbiskern. Heungbu pflanzte den
kleinen Kürbiskern auf einer Seite des Hofes.

놀랍게도, 그해 가을에, 지붕이 박으로
뒤덮였습니다. 흥부와 아내는 톱을 가져와
박을 자르기 시작했습니다.

박을 열자, 귀한 보물들이 쏟아졌습니다.
그래서 흥부와 가족들은 엄청난 부자가
되었습니다.

놀부도 이 이야기를 들었습니다. 놀부가 흥부를
찾아와서, 비밀을 물어보았습니다. 착한
흥부는 놀부에게 자세히 알려주었습니다.

놀부는 곧바로 집으로 돌아왔습니다.
놀부는 제비를 잡아서, 일부러 다리를
부러뜨린 뒤 고쳐 주었습니다.

그리고 다음 해 봄, 놀부도 박씨를 받았습니다.
놀부도 박씨를 심었습니다.

그해 가을, 놀부와 아내도 톱으로 박을 열심히
자르기 시작했습니다. 놀랍게도, 박이 열리자,
무서운 괴물들이 나타났습니다.

그들은 놀부의 집을 모두 부수고 재물을 훔쳐서
사라졌습니다. 다른 박에서는
오물이 가득했습니다.

집과 재물을 모두 잃은 놀부와 아내는
슬펐습니다. 하지만 마음이 착한 흥부는
자신의 재산을 놀부와 나누었습니다.

자신의 잘못을 알게 된 놀부는 흥부에게
사과했습니다. 그 후로 형제는 행복하게
살았습니다.

Überraschenderweise war das Dach im Herbst
dieses Jahres mit Kürbissen bedeckt. Heungbu und
seine Frau brachten Sägen und begannen, die
Kürbisse zu schneiden.

Als die Kürbisse geöffnet wurden, kamen wertvolle
Schätze zum Vorschein. So wurden Heungbu und
seine Familie sehr reich.

Auch Nolbu hat diese Geschichte gehört. Nolbu
kam zu Heungbu und fragte ihn nach seinem
Geheimnis. Der gute Heungbu informierte Nolbu
im Detail.

Nolbu kehrte sofort nach Hause zurück. Nolbu hat
eine Schwalbe gefangen, ihr absichtlich das Bein
gebrochen und sie repariert.

Und im nächsten Frühjahr erhielt Nolbu auch einen
Kürbissamen. Nolbu pflanzte auch den Kürbiskern.

Im Herbst desselben Jahres begannen auch Nolbu
und seine Frau, die Kürbisse mit Sägen zu
schneiden. Als sich die Kürbisse öffneten,
erschienen überraschenderweise gruselige Monster.

Sie brachen in alle Häuser von Nolbu ein, stahlen
ihr Eigentum und verschwanden. Die anderen
Kürbisse waren voll mit schmutzigem Müll.

Nolbu und seine Frau, die sowohl ihr Haus als auch
ihr Vermögen verloren haben, waren traurig. Doch
Heungbu, der ein gutes Herz hatte, teilte seinen
Besitz mit Nolbu.

Nolbu, der von seinem Fehler erfuhr, entschuldigte
sich bei Heungbu. Seitdem lebten die Brüder
glücklich und zufrieden bis an ihr Lebensende.

Kulturnote

Vokabeln

가난한 arm 찾아가다 besuchen 부모님 Eltern 유산 Erbe 아내 Frau 푼 Penny
밥주걱 Reispaddel 뺨 Wange 초라한 schäbig 오두막 Hütte 봄 Frühling
제비 Schwalbe 다리 Bein 부러지다 gebrochen sein 불쌍하다 Mitleid haben
고쳐주다 reparieren 건강해진 gesund 박씨 Kürbiskern 심다 pflanzen
지붕 Dach 뒤덮다 bedeckt sein 톱 Säge 귀한 wertvoll 보물 Schatz
이야기 Geschichte 자세히 im Detail 부러뜨리다 brechen 열심히 fleißig
무서운 kruselig 괴물 Monster 나타나다 erscheinen 재물 Eigentum 오물 Müll
가득하다 voll 나누다 teilen 사과하다 sich entschuldigen 행복하게 glücklich

Sprichwörter

가는 말이 고와야 오는 말이 곱다
**(Wörtlich) Wenn die ausgehenden Worte schön sind, dann werden auch die
eingehenden Worte schön sein.**

Es bedeutet, dass du freundlich zu anderen sein musst,
damit andere freundlich zu dir sein können.

Leseverständnis

Die Geschichte besagt, dass Heungbu arm war, weil er nicht hart gearbeitet hat.

A. Richtig B. Falsch

Nolbu war reich, weil er ...

A. das Geld von Heungbu gestohlen B. eine Goldmine gefunden hat
C. von seinen Eltern geerbt hat D. Härter gearbeitet hat

Wie hat sich Nolbus Frau gefühlt, als er Heungbu mit einem Reissschläger schlug?

A. Traurig B. Wütend C. Dankbar D. Belohnend

Die Schwalbe brachte einen Kürbiskern, um ... auszudrücken.

A. Wut B. Groll C. Dankbarkeit D. Unzufriedenheit

Der Geschichte nach scheint Nolbu geglaubt zu haben, dass die Schwalbe _______ ihm gegenüber empfindet.

A. Dankbarkeit B. Wut C. Feindseligkeit D. Trauer

Anhand der Geschichte können wir erraten, welcher der Füße der Schwalbe gebrochen war.

A. Richtig B. Falsch

Nolbu entschuldigte sich bei Heungbu, weil er ...

A. kein Geld hatte. B. seine Fehler bedauerte.
C. sich rächen wollte. D. keine andere Wahl hatte

Answer :B / C / B / B / A / B / B

호랑이와 곶감
Der Tiger und die getrocknete Kakipflaume

아주 옛날 어느 시골 마을에 있었던 일이에요.
배가 고픈 호랑이 한 마리가
마을로 내려왔어요.

"어흥! 저녁은 무엇을 먹을까?"

호랑이는 입맛을 다시며 중얼거렸어요.

바로 그때, 호랑이는 멀리서
아이가 우는 소리를 들었어요.

'어떤 아이가 저렇게 울지?' 호랑이는
우는 소리를 따라서 그 집에 도착했어요.

"너 자꾸 울면 호랑이가 온다!"

아이를 달래는 엄마의 목소리가 들렸어요.
하지만 그래도 아이는 울음을 그치지 않았어요.

'내가 무섭지 않은가?' 호랑이는 놀랐어요.
궁금해진 호랑이는 방문 앞에 몰래 앉았어요.
하지만 아이는 계속 울음을 그치지 않았어요.
호랑이는 더욱 궁금해졌어요.

In einem ländlichen Dorf kam vor langer Zeit ein hungriger Tiger in das Dorf.

„Knurr! Was soll ich zum Abendessen essen?"

Der Tiger murmelte und schmatzte mit seinen Lippen.

In diesem Moment hörte der Tiger von weitem ein Kind weinen.

Wo ist das Kind, das so weint?
Der Tiger folgte dem Schrei und erreichte das Haus.

„Wenn du weiter heulst, kommt ein Tiger!"

Die Stimme der Mutter, die ihr Kind beruhigt, war zu hören. Aber das Kind hörte trotzdem nicht auf zu weinen.

Hast du keine Angst vor mir? Der Tiger war überrascht. Der neugierige Tiger saß heimlich vor der Tür. Aber das Kind hörte nicht auf zu weinen. Der Tiger wurde immer neugieriger.

그때, 엄마가 말했어요.

"알겠다! 그래, 곶감 여기 있다!"

그러자 아이가 울음을 뚝 그쳤어요.

'이럴수가! 아이가 울음을 그쳤네?
곶감이 얼마나 무섭길래 아이가 저렇게
겁을 먹지?'

호랑이는 머릿속으로 커다란 괴물을
상상했어요. 자신보다 훨씬 무서운 괴물!
호랑이는 너무 무서워서 외양간으로
몸을 숨겼어요.

그런데 얼마 후, 커다란 그림자 하나가
외양간으로 살금살금 들어왔어요.

저 녀석이 곶감인가보다!' 겁먹은 호랑이는
소 뒤에 숨었어요. 그런데 그 그림자는
호랑이의 등에 올라탔어요. 알고 보니
그 그림자는 소를 훔치러 온 도둑이었어요.

호랑이는 곶감이라는 괴물이 자신의 등에
올라탔다고 생각했어요. 그래서 전속력으로
달리기 시작했어요.

산의 중간 정도에 도착해서, 도둑은 호랑이의
등에서 떨어졌어요. 호랑이는 곶감이라고
하는 괴물이 없어졌다고 생각했어요.

곶감을 무서워 한 호랑이는 두 번 다시
사람이 사는 마을에 내려가지 않았어요.

그리고, 소를 훔치려고 했던 도둑도
두 번 다시는 소를 훔치지 않았어요.

Die Mutter sagte dann:

„Okay! Hier ist eine getrocknete Kaki."

Dann hörte das Kind auf einmal auf zu weinen.

„Oh je! Das Kind hat aufgehört zu weinen! Wie furchteinflößend sind die getrockneten Kakis, dass Kinder so einen Schreck bekommen?"

Der Tiger stellte sich ein großes Monster in seinem Kopf vor. Ein Monster, das noch viel furchteinflößender ist als er! Der Tiger war so verängstigt, dass er sich in der Scheune versteckte.

Doch nach einer Weile kroch ein großer Schatten in die Scheune.

Das muss die getrocknete Kakipflaume sein! Der verängstigte Tiger versteckte sich hinter einer Kuh. Aber der Schatten stieg auf den Rücken des Tigers. Es stellte sich heraus, dass der Schatten ein Dieb war, der kam, um eine Kuh zu stehlen.

Der Tiger dachte, dass ein Monster namens getrocknete Kaki auf seinem Rücken saß, also rannte er mit voller Geschwindigkeit los.

In der Mitte des Berges angekommen, fiel der Dieb vom Rücken des Tigers. Der Tiger dachte, dass ein Ungeheuer namens getrocknete Kaki verschwunden sei.

Aus Angst vor den getrockneten Kakis ging der Tiger nie wieder in ein menschliches Dorf hinunter.

Und der Dieb, der versucht hat, eine Kuh zu stehlen, hat nie wieder eine Kuh gestohlen.

Kulturnote

Vokabeln

마리 "Gegenwort" für Tiere 내려오다 kommen/herabsteigen 입맛을 다시다 schmatzen 중얼거리다 murmeln 아이 Kind 소리를 듣다 hören (소리 = Laut) 따라서 folgen 도착하다 erreichen 자꾸 weiter 달래다 beruhigen 목소리 Stimme 들리다 zu hören sein 울음 weinen/heulen 그치다 aufhören 방문 Tür 계속 weiter 더욱 immer 곶감 Kaki 뚝 auf einmal 얼마나 wie 머릿속 im Kopf 훨씬 noch viel 외양간 Scheune 몸을 숨기다 sich verstecken 그림자 Schatten 살금살금 kriechen 등 Rücken 도둑 Dieb 전속력 mit voller Geschwindigkeit 중간 정도 in der Mitte

Sprichwörter

자라 보고 놀란 가슴 솥뚜껑 보고 놀란다.
(Wörtlich) Der Geist, der beim Anblick einer Schildkröte entsetzt ist, ist beim Anblick eines Kesseldeckels entsetzt.

Die Redewendung, dass eine Person, die von einem Gegenstand sehr überrascht ist, sich vor einem ähnlichen Gegenstand fürchtet.

Leseverständnis

Nach der Geschichte können wir vermuten, dass Tiger dorthin kommen, wo Menschen leben, um Nahrung zu finden.

A. Richtig B. Falsch

Laut der Geschichte hatte der Tiger bereits sein Abendessen.

A. Richtig B. Falsch

Das Baby weinte, weil es Angst vor dem Tiger hatte.

A. Richtig B. Falsch

Was war der wahrscheinlichste Grund dafür, dass das Baby aufhörte zu weinen, nachdem es eine getrocknete Kakipflaume bekommen hatte? Es ist das, was das Baby ...

A. mag B. verängstigt C. hasst D. nicht weiß

Die Geschichte besagt, dass der Tiger nicht wusste, wie eine getrocknete Kaki aussah.

A. Richtig B. Falsch

Der Dieb kam, um eine getrocknete Kaki zu stehlen, aber er änderte seine Meinung und stahl stattdessen eine Kuh.

A. Richtig B. Falsch

Der Geschichte nach können wir vermuten, dass die Mutter die getrocknete Kakipflaume benutzt hat, um das Baby zu _______.

A. erschrecken B. beruhigen C. schimpfen D. verstehen

Answer : A / B / B / A / A / F / B

금도끼, 은도끼
Die goldene Axt und die silberne Axt

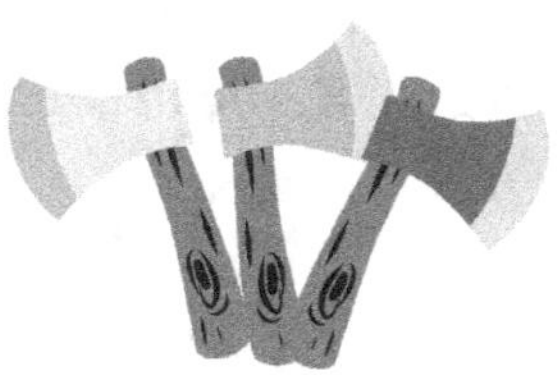

옛날 한 작은 마을에 나무꾼이 살았습니다.
나무꾼은 가난했지만 착하고 정직했습니다.
나무꾼은 매일 열심히 일했습니다.

Es war einmal ein Holzfäller, der in einem kleinen Dorf lebte. Der Holzfäller war arm, aber gutherzig und ehrlich. Der Holzfäller arbeitete jeden Tag hart.

어느 날 나무꾼은 실수로
도끼를 연못에 빠뜨렸습니다.

Eines Tages ließ der Holzfäller versehentlich seine Axt in einen Teich fallen.

슬프게도, 나무꾼에게는 도끼가 딱 하나밖에
없었습니다. 나무꾼은 절망해서 큰 소리로
슬프게 울었습니다.

Leider hatte der Holzfäller nur eine Axt. Der Holzfäller rief traurig und verzweifelt laut.

그러자 연못에서 산신령이 나타났습니다.
그는 나무꾼에게 왜 그렇게 슬프게 우는지
물어보았습니다.

Da erschien ein Berggeist aus dem Teich und fragte den Holzfäller, warum er so traurig weinte.

나무꾼은 산신령에게 모든 것을 설명했습니다.
산신령은 나무꾼을 불쌍하게 생각했습니다.
그래서 그를 도와주겠다고 하고 사라졌습니다.

Der Holzfäller erklärte dem Berggeist alles. Der Berggeist hatte Mitleid mit dem Holzfäller, also sagte er, er würde ihm helfen und verschwand.

산신령이 다시 나타났는데,
금도끼를 들고 있었습니다.

Der Berggeist erschien wieder, und er hielt eine goldene Axt in der Hand.

산신령은,

Fragte der Berggeist,

"이 금도끼가 네 도끼냐?" 하고 물었습니다.

„Gehört diese goldene Axt dir?"

나무꾼은,

“그 도끼는 제 도끼가 아닙니다.”
라고 답했습니다.

산신령은 다시 사라졌습니다.
산신령이 다시 나타났는데, 은도끼를
들고 있었습니다. 그리고 그는,

"이 은도끼가 네 도끼냐?" 하고 물었습니다.

나무꾼은 이번에도 아니라고 말하며
자신의 도끼는 낡은 쇠도끼라고 말했습니다.

그러자 산신령이 다시 사라졌다가, 이번에는
금도끼, 은도끼, 쇠도끼를 모두 들고
다시 나타났습니다.

그는 나무꾼의 정직함을 칭찬 하고,
도끼 모두를 나무꾼에서 선물했습니다.

나무꾼은 산신령에게 크게 감사해하며
집으로 돌아와 행복하게 살았습니다.

한편, 옆 마을의 욕심 많은 나무꾼이 이 소문을
들었습니다. 그는 일부러 연못에 도끼를
던졌습니다.

얼마 후 산신령이 나타나 금도끼와 은도끼를
각각 보여 주었습니다. 하지만 이 욕심 많은
나무꾼은 금도끼와 은도끼 모두 자신의
도끼라고 거짓말을 했습니다.

산신령은 화가 나서
모든 도끼를 가지고 사라졌습니다.

Der Holzfäller antwortete,

„Die Axt gehört nicht mir.“

Der Berggeist verschwand wieder. Der
Berggeist tauchte wieder auf und hielt eine
silberne Axt in der Hand. Er fragte,

„Gehört diese Silberaxt dir?“

Der Holzfäller sagte wieder nein und sagte,
dass seine Axt eine alte Eisenaxt sei.

Dann verschwand der Berggeist wieder, und
dieses Mal erschien er mit der goldenen, der
silbernen und der eisernen Axt wieder.

Er lobte die Ehrlichkeit des Holzfällers und
schenkte dem Holzfäller alle Äxte.

Der Holzfäller kehrte nach Hause zurück und
lebte glücklich und dem Berggeist sehr
dankbar.

Währenddessen hörte ein gieriger Holzfäller
im Nachbardorf dieses Gerücht. Er warf seine
Axt absichtlich in den Teich.

Nach einer Weile erschien ein Berggeist und
zeigte eine goldene bzw. eine silberne Axt.
Der gierige Holzfäller log jedoch und
gelogen, dass sowohl die goldene als auch die
silberne Axt seine Axt sei.

Der Berggeist wurde wütend und verschwand
mit allen Äxten.

Kulturnote

Die Koreaner glauben traditionell an den Schamanismus. So haben sie geglaubt, dass es göttliche Wesen nicht nur in der Natur, wie Bergen und Meeren, sondern auch an Orten wie Küchen und Toiletten gibt. Wenn du die völlig unterschiedlichen Ergebnisse des Holzfällers, der dem allmächtigen Berggeist gegenüber ehrlich war, und des Holzfällers, der gelogen hat, betrachtest, kannst du die Lektion lernen, dass ein ehrliches Leben Glück bringt, während Lügen das Gegenteil bewirken.

Vokabeln

정직하다 eherlich sein 실수로 versehentlich 도끼 Axt 빠뜨리다 fallen lassen
산신령 Berggeist 물어보다 fragen 설명하다 erklären 금 Gold 다시 wieder
은 Silber 낡은 alt 쇠 Eisen 칭찬하다 loben 선물하다 schenken
감사하다 dankbar sein 욕심 gierig 소문 Gerücht 거짓말하다 lügen

Sprichwörter

도둑질은 거짓말에서 시작된다.
(Wörtlich) Stehlen beginnt mit Lügen.

Das heißt, wenn du es dir zur Gewohnheit machst, kleine Lügen zu machen, wirst du dich unfähig fühlen, ein größeres Verbrechen zu begehen.

Leseverständnis

Der Geschichte zufolge war der Holzfäller ehrlich, weil er arm war.

A. Richtig B. Falsch

Der Berggeist erschien, weil ...

A. er wütend war, dass die Axt den Teich verschmutzt hat.
B. es keine goldene Axt war.
C. er den Holzfäller weinen hörte.
D. er den Holzfäller verscheuchen wollte.

Die wahrscheinlichste Emotion, die der Berggeist hatte, als er erschien, ist ...

A. Neugierde B. Aufregung C. Glück D. Müdigkeit

Die wahrscheinlichste Emotion, die der Berggeist hatte, nachdem er die Geschichte des Holzfällers gehört hatte, ist ...

A. Mitgefühl B. Hass C. Wut D. Verwirrung

Der Holzfäller sagte, die goldene Axt gehöre ihm nicht, weil ...

A. er alle drei Äxte wollte. B. er ehrlich war.
C. er Mitleid mit dem Berggeist hatte. D. er Angst vor dem Berggeist hatte.

Der Berggeist gab dem Holzfäller alle drei Äxte, wegen ...

A. seinem Fleiß B. seinem Mut C. seiner Ehrlichkeit D. seiner Weisheit

Die wahrscheinlichste Emotion, die der gierige Holzfäller hatte, nachdem der Berggeist seine Axt genommen hatte, ist ...

A. Freude B. Bedauern C. Harmonie D. Zuneigung

Answer :B / C / A / A / B / C / B

토끼의 간과 자라
Die Leber des Kaninchens und die Schildkröte

옛날 옛적, 깊은 바닷속에 살던 용왕님이 심각한 병에 걸렸습니다.

Vor langer Zeit erkrankte der Drachenkönig, der in der Tiefsee lebte, an einer schweren Krankheit.

신하들은 용왕님의 병을 고치기 위해 노력했지만, 효과가 없었습니다.

Die Diener haben versucht, die Krankheit des Drachenkönigs zu heilen, aber es hat nicht funktioniert.

바닷속에서 가장 유명한 의원이 찾아와서 용왕님의 상태를 본 후 말했습니다.

Der berühmteste Arzt des Meeres kam und sagte, nachdem er den Zustand des Drachenkönigs gesehen hatte,

"지상에 사는 토끼라는 동물의 간을 먹으면 나을 수 있습니다."

„Du kannst gesund werden, wenn du die Leber eines Tieres isst, das Kaninchen heißt und auf dem Boden lebt."

용왕님의 병을 고치기 위해 충신인 자라가 지상으로 떠났습니다.

Um die Krankheit des Drachenkönigs zu heilen, machte sich eine treue Dienerschildkröte auf den Weg zur Erde.

토끼를 본 적이 없는 자라를 위해 바닷속 화가들이 토끼의 초상화를 그려 주었습니다.

Für die Schildkröte, die noch nie ein Kaninchen gesehen hatte, malten die Maler im Meer Porträts von dem Kaninchen.

지상에 도착한 자라는, 곧바로 토끼를 발견했습니다. 토끼를 바닷속 용궁으로 데리고 가기 위해서 자라는 꾀를 내었습니다.

Als die Schildkröte auf dem Boden ankam, fand sie sofort ein Kaninchen. Er versuchte, das Kaninchen auszutricksen, um es zum Drachenpalast zu bringen.

"바닷속 용궁은 지상보다 훨씬 살기 좋아."

„Es ist so viel besser, im Drachenpalast im Meer zu leben als auf dem Boden."

자라의 말에 속은 토끼는
자라의 등에 올라타
용궁으로 떠났습니다.

용궁 신하들은 토끼를
반갑게 맞았습니다.

토끼는 기분이 좋아 어깨를 으쓱였습니다.

하지만, 용궁에 들어서자마자 토끼는
용궁 병사들에게 붙잡혔습니다.

"내 병을 위하여, 너의 간을 바치거라."

토끼는 자라에게 속은 것을 깨달았습니다.
바로 그때,
좋은 생각이 났습니다.

"용왕님을 위해서라면 저의 간을 드리겠습니다.
하지만 저의 간은 귀하기 때문에
지상의 숲속에 숨겨놓았습니다.
이것을 가져올 수 있도록 해주십시오."

이 말을 믿은 용왕은 자라와 토끼를 지상으로
보냈습니다. 지상에 도착하자 토끼는
자라의 등에서 뛰어내리며 말했습니다.

"바보 같은 녀석!
너 때문에 내가 목숨을 잃을 뻔 했다!"

그리고는 저 멀리 숲 속으로 도망쳤습니다.

Das Kaninchen, das von den Worten der Schildkröte
getäuscht wurde, kletterte auf den Rücken der
Schildkröte und machte sich auf den Weg zum
Drachenpalast.

Die Beamten des Drachenpalastes begrüßten das
Kaninchen.

Das Kaninchen zuckte vor Glück.

Doch sobald es den Palast betrat, wurde das Kaninchen
von den Soldaten des Drachenpalastes gefangen.

„Für meine Krankheit, biete deine Leber an.“

Das Kaninchen erkannte, dass es von der Schildkröte
getäuscht worden war. In diesem Moment kam mir eine
gute Idee in den Sinn.

„Wenn es für den Drachenkönig ist, werde ich dir
meine Leber geben. Aber meine Leber ist kostbar, also
habe ich sie in einem Wald auf dem Boden versteckt.
Bitte erlaube mir, es mitzubringen.“

Als der Drachenkönig das glaubte, schickte er die
Schildkröte und das Kaninchen auf den Boden. Als das
Kaninchen auf dem Boden ankam, sprang es von dem
Rücken der Schildkröte und sagte,

„Du Narr! Du hast mich fast umgebracht!“

Dann rannte es in den Wald davon.

Kulturnote

Für die Koreaner haben schnelle Kaninchen das Image, gerissen und voller Tricks zu sein. Im Gegenteil, Schildkröten haben das Image, langsam und unbeholfen zu sein. Die Moral dieser Geschichte ist, dass du eine schwierige Situation überwinden kannst, wenn du weise bist. Auch in schwierigen Situationen kannst du eine Krise klug meistern.

Vokabeln

깊은 tief 바닷속 in der Tiefsee 용왕님 Drachenkönig 심각한 schwer 병 Krankheit 걸리다 erkranken an 신하 Diener 노력하다 versuchen 효과가 있다 funktionieren 유명한 berühmt 의원 Arzt 상태 Zustand 지상 auf dem Boden 동물 Tier 간 Leber 충신 ein treuer Diener 자라 Kröte 화가 Maler 초상화 Porträt 곧바로 sofort 속다 austricksen 반갑게 맞이하다 begrüßen 행복한 기분 Glück 어깨를 으쓱이다 zucken (어깨 = Schulter) 병사 Soldat 깨닫다 erkennen 보내다 schicken 바보 Narr 녀석 Du 목숨을 잃다 umbringen (목숨 = Leben / 잃다 = verlieren)

Sprichwörter

제 꾀에 제가 넘어간다.
(Wörtlich) Derjenige, der eine List ausheckt, fällt darauf herein.

Es ist ein Ausdruck, der bedeutet, dass übermäßiger Betrug zum eigenen Vorteil zu Verlusten führen kann.

Leseverständnis

Der Geschichte nach können wir davon ausgehen, dass es im Drachenpalast keine Kaninchen gibt.

A. Richtig B. Falsch

Die Schildkröte wusste nicht, wie ein Kaninchen aussieht, aber die Maler im Meer wussten es.

A. Richtig B. Falsch

Die Geschichte besagt, dass das Bild des Kaninchens korrekt war.

A. Richtig B. Falsch

Was ist die wahrscheinlichste Reaktion der Schildkröte, als sie das Kaninchen fand?

A. Wut B. Hunger C. Freude D. Verwirrung

Warum hat die Schildkröte dem Kaninchen gesagt, dass der Drachenpalast ein besserer Ort zum Leben ist?

A. Damit es in den Drachenpalast kommt.
B. Damit er sich vor dem Drachenpalast fürchtet.
C. Um das Kaninchen vor der Gefahr des Drachenpalastes zu warnen.
D. Um sich mit ihr anzufreunden.

Der Geschichte nach tat das Kaninchen nur so, als würde es glauben, was die Schildkröte sagte.

A. Richtig B. Falsch

Was ist die wahrscheinlichste Emotion, die die Schildkröte hatte, nachdem das Kaninchen weggelaufen war?

A. Erleichterung B. Bedauern C. Stolz D. Freude

Answer : A / A / A / C / A / B / B

거울을 처음 본 사람들
Die Menschen, die zum ersten Mal einen Spiegel sahen

옛날에 시골에 사는 농부가 처음으로 한양에 가게 되었습니다.

Es war einmal ein Bauer, der auf dem Land lebte und zum ersten Mal nach Hanyang kam.

농부의 부인은 남편에게 빗을 사다 달라고 부탁했습니다.

Die Bäuerin bat ihren Mann, einen Kamm für sie zu kaufen.

남편은 빗의 모양을 물었습니다. 부인은 어두운 하늘에 있는 반달을 가리켰습니다.

Der Ehemann fragte nach der Form des Kamms. Die Frau zeigte auf den Halbmond am dunklen Himmel.

남편은 반달을 쳐다보고 고개를 끄덕였습니다.

Der Ehemann sah den Halbmond an und nickte.

한양에서 며칠을 보낸 남편은, 돌아오기 전날, 부인이 부탁한 빗을 사기 위해 시장에 갔습니다.

Der Ehemann, der ein paar Tage in Hanyang verbrachte, ging am Tag vor seiner Rückkehr nach Hause auf den Markt, um den Kamm zu kaufen, den sich seine Frau gewünscht hatte.

그런데 빗의 이름을 잊어버렸습니다.

Aber er hat den Namen des Kamms vergessen.

그때, 달과 비슷한 모양이라는 부인의 말을 떠올렸습니다.

In diesem Moment erinnerte er sich daran, dass seine Frau gesagt hatte, es sähe aus wie der Mond.

그래서 하늘을 바라보았지만, 시간이 지나 달의 모양이 보름달이 되었습니다.

Also schaute er in den Himmel, aber als die Zeit verging, wurde die Form des Mondes zu einem Vollmond.

그것을 본 남편은 가게주인에게
하늘의 달과 같은 모양의 물건을
달라고 했습니다.

집에 돌아온 남편은 부인에게
예쁘게 포장된 선물을 건네었습니다.
하지만 부인은 깜짝 놀랐습니다.

그 물건 안에는 부인과 옷을 똑같이 입은
젊은 여자가 있었기 때문입니다.

그것은 다름아닌 거울에 비친
자신의 모습이었습니다.

화가 난 부인은 들고 있던 것을
시어머니에게 주었습니다.

시어머니는 거울 속의 자신의 모습을 보고
되물었습니다.

"어디에 젊은 여자가 있느냐?"

Nachdem er es gesehen hatte, fragte der
Ehemann den Ladenbesitzer nach etwas, das
wie der Mond am Himmel aussieht.

Als er nach Hause kam, überreichte der Mann
seiner Frau ein schön verpacktes Geschenk.
Aber die Frau war überrascht,

denn in dem Objekt war eine junge Frau, die
genauso gekleidet war wie sie.

Es war niemand anderes als sie selbst im
Spiegel.

Die wütende Frau gab das, was sie in der Hand
hielt, ihrer Schwiegermutter.

Die Schwiegermutter betrachtete sich im
Spiegel und fragte,

„Wo ist die junge Frau?"

Kulturnote

Die beiden Menschen erinnerten sich wegen der wechselnden Form des Mondes völlig unterschiedlich an dieselbe Sache. Die Moral von der Geschichte ist, dass die Gedanken der Menschen alle unterschiedlich sind, sodass ihre Meinungen nicht immer mit denen anderer übereinstimmen müssen.

Vokabeln

부인 Ehefrau 농부의 부인 Bäuerin 빗 Kamm 남편 Ehemann 부탁하다 bitten 모양 Form 어두운 dunkel 반달 Halbmond 가리키다 zeigen 며칠 ein paar Tage 시장 Markt 이름 Name 비슷한 aussehen wie / ähnlich 보름달 Vollmond 가게 Laden 주인 Besitzer 예쁘다 schön sein 포장된 verpackt 똑같이 genauso wie 젊은 jung 여자 Frau 다름아닌 nicht anderes 거울에 im Spiegel 비친 scheinen 시어머니 Schwiegermutter

Sprichwörter

아는 만큼 보인다.
Du kannst so viel sehen, wie du weißt.

Das bedeutet, dass du die Fähigkeit entwickeln solltest, auf die Meinung anderer Menschen zu hören, anstatt dich nur auf deine eigene Perspektive zu verlassen.

Leseverständnis

Der Geschichte zufolge besucht der Ehemann Hanyang oft.

A. Richtig B. Falsch

Der Geschichte nach zu urteilen, scheint die Frau zu wissen, wie Kämme aussehen.

A. Richtig B. Falsch

Der Ehemann scheint die Form des Mondes vergessen zu haben, die seine Frau ihm gezeigt hat.

A. Richtig B. Falsch

Der Ehemann kaufte stattdessen einen Spiegel, weil er sich den von seiner Frau gewünschten Kamm nicht leisten konnte.

A. Richtig B. Falsch

Der Ehemann scheint gewusst zu haben, dass der Spiegel eigentlich ein Kamm war.

A. Richtig B. Falsch

Anhand der Reaktion wusste die Frau, dass die Frau im Spiegel sie selbst war.

A. Richtig B. Falsch

Anhand der Reaktion wusste die Schwiegermutter, dass die Frau im Spiegel sie selbst war.

A. Richtig B. Falsch

Answer :B / A / A / B / B / B / B

젊어지는 샘물
Das Quellwasser, das dich jünger macht

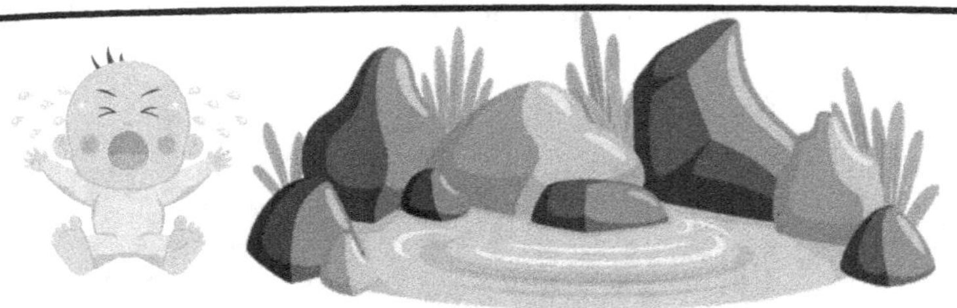

옛날 한 노인 부부가 있었습니다.
부부는 자식이 없어서 매일 매일 힘들게
일해야 했습니다.

Es war einmal ein älteres Ehepaar. Das Paar hatte keine Kinder, also mussten sie jeden Tag hart arbeiten.

어느 날 할아버지가 산에서 돌아오는 길에,
파랑새 한 마리가 날아다니는 것을
보았습니다.

Eines Tages, auf dem Rückweg vom Berg, sah der Großvater einen blauen Vogel herumfliegen.

할아버지는 그 새를 잡으려다가
깊은 산 속까지 들어갔습니다.

Der Großvater ging tief in den Berg hinein, um den Vogel zu fangen.

그곳에는 신기하게도 샘이 하나 있었습니다.

Seltsamerweise gab es dort eine Quelle.

마침 목이 말랐던 할아버지가
물을 세 번 마셨습니다.

Der durstige Großvater trank das Wasser dreimal.

그리고 샘에 비친 자신의 모습을 보니,
신혼 시절의 젊은 모습으로 바뀌어 있었습니다.

Als er sich in der Quelle spiegelte, verwandelte er sich in eine junge Gestalt aus den Flitterwochen.

밤이 깊어져 할아버지는 집에 돌아갔습니다.

Als die Nacht hereinbrach, ging der Großvater nach Hause.

그런데 할머니의 눈에는
어느 젊은 총각이 오는 것처럼 보였습니다.

Aber in Großmutters Augen sah es so aus, als würde ein junger Junggeselle kommen.

할머니는 그 총각에게 혹시 할아버지를
보았냐고 물었습니다.

그러자 총각은 자신이 그 할아버지라고
대답했습니다. 그리고 산속에 있는 샘으로
할머니를 데리고 가서 물을 마시게 했습니다.

그러자 할머니도 새댁의 모습으로 바뀌었습니다.
둘 다 모두 신혼 시절의 모습으로
돌아가게 되었습니다.

옆집의 욕심쟁이 노인은 그 부부를 찾아가
비밀을 알게 되었습니다. 욕심쟁이 노인은
곧바로 그 샘이 있다는 산속으로 갔습니다.

그러나 욕심이 많은 노인은 물을
너무 많이 마셨습니다.

그리고 샘물에 비친 자신의 모습을 보니
갓난아기가 되어 있었습니다.

그는 샘물 옆에서 엉엉 울었지만,
그 소리는 아기의 울음소리에 불과했습니다.

Die Großmutter fragte den Junggesellen, ob er den
Großvater gesehen habe.

Daraufhin antwortete der Junggeselle, dass er der
Großvater sei. Und er brachte die Großmutter zu
der Quelle auf dem Berg und ließ sie das Wasser
trinken.

Dann verwandelte sich die Großmutter in die
Gestalt einer frischgebackenen Braut. Die beiden
kehrten in ihre Flitterwochen zurück.

Der gierige alte Mann von nebenan besuchte das
Paar und erfuhr das Geheimnis. Der gierige alte
Mann ging sofort in den Berg, wo die Quelle war.

Doch der gierige alte Mann trank zu viel Wasser.

Und als er sich im Quellwasser spiegelte, wurde
er zu einem Baby.

Er grölte laut neben dem Quellwasser, aber das
Geräusch war nur das Weinen eines Babys.

Kulturnote

Das „Jugendquellwasser„ ist sicherlich erstaunlich, aber zu viel des Guten kann schlecht sein, wie der alte Mann, der zu viel trank und ein Baby wurde. Die Moral von der Geschichte ist, dass, wenn wir hart leben und mit dem zufrieden sind, was wir haben, sich in der Zukunft gute Möglichkeiten ergeben werden.

Vokabeln

자식 Kinder 파랑새 ein blauer Vogel 할아버지 Großvater 신기하다 Seltsamerweise 샘 Quelle 마침 Zufällig 목이 마르다 durstig 마시다 trinken 신혼 시절 Flitterwochen 바뀌다 sich verwandeln 총각 Junggeselle 혹시 ob 새댁 eine frischgebackene Braut 옆집 von nebenan 욕심쟁이 gierig 비밀 Geheimnis 너무 zu viel

Sprichwörter

욕심이 사람 죽인다.
(Wörtlich) Gier tötet Menschen.

Das bedeutet, dass du, wenn du gierig bist, keine rationalen Entscheidungen treffen kannst und sogar gefährliche Dinge tust.

Leseverständnis

Der Geschichte zufolge hatte das alte Paar keine Kinder, weil sie hart arbeiten wollten.

A. Richtig B. Falsch

Nach der Geschichte hatte der Großvater Angst vor dem blauen Vogel.

A. Richtig B. Falsch

Der Geschichte zufolge war es seltsam, dass es tief im Berg eine Quelle gab.

A. Richtig B. Falsch

Hatte der Großvater Angst, das Quellwasser zu trinken?

A. Ja B. Nein

Die Großmutter konnte ihren Mann sofort erkennen, als er zurückkam.

A. Richtig B. Falsch

Welches Gefühl hatte der gierige alte Mann wahrscheinlich, als er die Geschichte hörte?

A. Eifersüchtig B. Friedlich C. Ruhig D. Entspannt

Der gierige alte Mann weinte wahrscheinlich, weil ...

A. er reumütig war. B. er zu glücklich war. C. er hungrig war. D. er singen wollte.

Answer : B / B / A / B / B / A / A

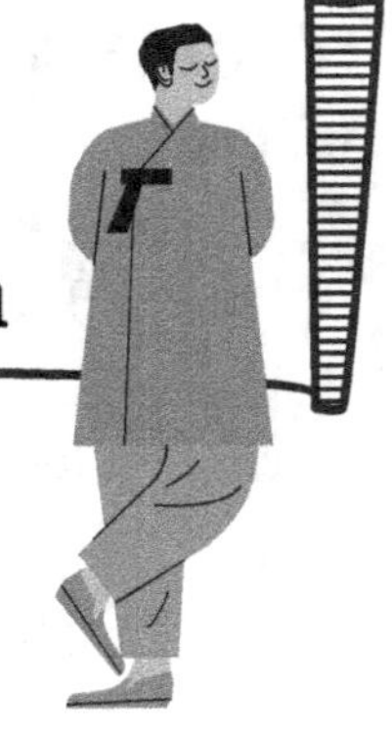

금구슬을 버린 형제
Die Brüder, die die goldenen Perlen verließen

옛날 어느 마을에 사이좋은 형제가 살았습니다. 형제는 기쁠때나 슬플때에 상관 없이 언제나 함께했습니다.

Es war einmal, gute Brüder in einem Dorf lebten. Die Brüder waren immer zusammen, egal, ob sie glücklich oder traurig waren.

어느 날, 형제는 강 건너 마을에 있는 잔치에 다녀왔습니다. 형제는 잔칫집에서 얻은 떡과 과일을 챙겨 집으로 돌아오고 있었습니다.

Eines Tages gingen die Brüder zu einem Fest in dem Dorf auf der anderen Seite des Flusses. Die Brüder kehrten mit Reiskuchen und Früchten vom Festmahl nach Hause zurück.

집으로 돌아오는 길에, 아우는 물속에서 무언가 반짝반짝 빛나는 것을 발견했습니다.

Auf dem Heimweg entdeckte der jüngere Bruder etwas Glänzendes im Wasser.

반짝반짝 빛나는 물건은 바로 금구슬이었습니다. 자세히 보니, 금구슬이 두 개나 반짝이고 있었습니다.

Der glänzende Gegenstand war eine goldene Perle. Als er genau hinsah, sah er zwei goldene Perlen leuchten.

형은 아우에게,

Der ältere Bruder sagte es seinem Bruder,

"너는 최근에 결혼을 했으니 돈이 필요할 것이다. 그리고 이 금구슬은 네가 먼저 발견했으니 네가 가져가거라" 말했습니다.

„Du bist frisch verheiratet, also brauchst du Geld. Und du hast diese goldenen Perlen zuerst gefunden, also nimm sie."

하지만 아우는 형에게,

Aber der jüngere Bruder sagte es dem älteren Bruder,

"식구가 많은 형님이 금구슬을 가져가세요" 라고 말했습니다.

„Mein Bruder, du hast eine große Familie, also nimm die goldenen Perlen."

형제는 서로에게 금구슬을 양보했습니다.
결국, 그들은 금구슬을 하나씩
나눠 갖기로 했습니다.

하지만 배가 강 한가운데를 건너갈 때쯤,

'금구슬을 준다고 할 때, 다 가질 걸 그랬군'
하고 후회했습니다.

집으로 돌아온 형제는
서로의 금구슬을 계속 생각했습니다.
그리고 형제는 자신의 금구슬을 지키느라
농사일을 게을리했습니다.

그래서 곳간은 텅텅 비기 시작했고,
가족들은 힘들어했습니다. 그제야 형제는
자신들의 잘못을 깨닫고
반성하게 되었습니다.

형은 금구슬을 들고 아우를 찾아가
금구슬을 없애야겠다고
말했습니다.

아우 역시 금구슬을 없애는 게 좋을 것 같다고
말했습니다.

형과 아우는 금구슬을 들고 다시 강 한가운데로
갔습니다.

형제는 금구슬을 꺼내 힘껏 강물에
던져 버렸습니다. 금구슬은 풍덩 소리를 내며
강 속으로 사라졌습니다.

형제는 오래오래
사이좋게 살았습니다.

Die Brüder schenkten sich gegenseitig goldene Perlen. Schließlich beschlossen sie, die goldenen Perlen zu teilen und jeder nahm eine.

Doch als das Boot die Mitte des Flusses überquerte, bereuten sie ihre Entscheidung,

Ich hätte alles nehmen sollen, als er es angeboten hat.

Der ältere und der jüngere Bruder, die in ihre jeweiligen Häuser zurückkehrten, dachten immer wieder an die Goldperlen des anderen und die Brüder vernachlässigten die Landwirtschaft, um ihre goldenen Perlen zu schützen.

So begann sich die Scheune zu leeren und die Familie hatte zu kämpfen. Erst dann erkannten die Brüder ihre Fehler und besannen sich auf sich selbst.

Der ältere Bruder nahm die goldene Perle und besuchte den jüngeren Bruder und sagte, er solle die goldenen Perlen loswerden.

Der jüngere Bruder auch sagte, dass es besser wäre, die goldenen Perlen loszuwerden.

Der ältere Bruder und der jüngere Bruder nahmen die goldenen Perlen und gingen zurück in die Mitte des Flusses.

Die Brüder nahmen die goldenen Perlen heraus und warfen sie mit aller Kraft in den Fluss. Die goldenen Perlen machten ein Platschen und verschwanden im Fluss.

Die Brüder lebten lange Zeit glücklich zusammen.

Kulturnote

 Diese Geschichte handelt von einer ganz normalen Familie in Korea, die traditionell eine Agrargesellschaft ist. Die Koreaner machten es sich zur Tugend, treu zu wirtschaften und die Früchte der ehrlichen Arbeit zu ernten. Für die Koreaner ist es das Wichtigste, sich gegenseitig zu helfen. Während der arbeitsreichen Landwirtschaftssaison haben sich die Dorfbewohner gegenseitig geholfen. Durch diese Geschichte kannst du lernen, wie wichtig Brüderlichkeit ist, die man mit Geld nicht kaufen kann. Sie rät uns auch, uns vor unserer übermäßigen Gier nach Reichtum zu hüten.

Vokabeln

갓난아기 Baby 사이좋은 gut 형제 Bruder 상관 없이 egal 언제나 immer 아우 jüngerer Bruder 반짝반짝 glänzend 구슬 Perle 최근에 frisch 결혼 하다 verheiratet ein 돈 Geld 필요하다 brauchen 발견하다 finden 식구 Familie 서로에게 gegenseitig 양보하다 sich schenken 하나씩 eine 농사일 Landwirtschaft 게을리 하다 vernachlässigen 곳간 Scheune 텅텅 비다 leeren 힘들어하다 zu kämpfen aben 반성하다 sich besinnen auf sich 힘껏 mit aller Kraft

Sprichwörter

천석꾼에 천 가지 걱정 만석꾼에 만 가지 걱정
(Wörtlich) Ein reicher Mann mit tausend Reissäcken hat tausend Sorgen, und ein reicher Mann mit zehntausend Reissäcken hat zehntausend Sorgen.

Ein metaphorischer Ausdruck, der bedeutet:
Wenn du viel Besitz hast, hast du auch viele Sorgen.

Leseverständnis

Es heißt, dass die Brüder nicht miteinander auskamen.

A. Richtig B. Falsch

Die Brüder waren im gleichen Alter.

A. Richtig B. Falsch

Nach der Geschichte lebten die Brüder zusammen.

A. Richtig B. Falsch

Warum konnte der jüngere Bruder die goldenen Perlen sehen?

A. Weil er jünger war. B. Weil er schwimmen konnte.
C. Weil die goldenen Perlen leuchteten. D. Weil die goldenen Perlen wertvoll waren.

Die Brüder übergaben sich gegenseitig die goldenen Perlen, weil..

A. Sie waren wertvoll. B. Sie waren schwer.
C. Sie würden Unglück bringen. D. Sie waren unheimlich.

Die Brüder wurden immer ärmer, weil ...

A. die goldenen Perlen ihr Geld gestohlen haben.
B. sie glaubten, die goldenen Perlen würden ihnen ein Vermögen bringen.
C. sie nicht hart arbeiteten, weil sie nur darauf bedacht waren, ihre goldenen Perlen zu schützen.
D. die goldenen Perlen eigentlich Metallperlen waren.

Der Geschichte zufolge muss sich der König _______ gefühlt haben, als er die Geschichte hörte.

A. eifersüchtig B. wütend C. verärgert D. beeindruckt

용왕님의 딸, 잉어 색시
Die Karpfenfrau – Die Tochter des Drachenkönigs

옛날 옛적, 강가에서 혼자 사는 어부가
큰 잉어를 잡았습니다. 그런데 잉어를 보자
갑자기 이런 생각이 들었습니다.

Es war einmal ein Fischer, der allein am Fluss lebte und einen großen Karpfen fing. Aber als er den Karpfen sah, kam ihm plötzlich ein beängstigender Gedanke in den Sinn.

'이렇게 큰 잉어를 죽이면
분명히 벌을 받을 거야.'

wenn ich einen so großen Karpfen töte, wird mich der Himmel bestimmt bestrafen

그래서 집으로 돌아온 어부는
잉어를 죽이지 않고
항아리 안에 넣어 길렀습니다.

Der Fischer, der nach Hause zurückkehrte, tötete den Karpfen also nicht, sondern legte ihn in ein Gefäß und zog ihn auf.

그런데, 하루는 밖에 나갔다 돌아오니
방에 밥상이 차려져 있었습니다.

Doch eines Tages, als er von draußen zurückkam, war das Abendessen im Zimmer vorbereitet.

'아니, 나 혼자 사는 집인데...
누가 밥상을 차려 놓았지?'
어부는 생각했습니다.

das ist seltsam. Ich lebe allein in diesem Haus... Wer hat das Abendessen vorbereitet?'
Der Fischer dachte.

다음 날, 어부는 일하러 가는 척하다가
몰래 숨어서 집안을 들여다보았습니다.

Am nächsten Tag gab der Fischer vor, zur Arbeit zu gehen, versteckte sich aber heimlich und schaute in das Haus.

항아리에서 잉어가 색시 모습으로
변해서 나오는 것을 보았습니다.

Er sah, wie sich der Karpfen in einem Glas in ein Mädchen verwandelte und herauskam.

잉어 색시는 부엌에서 밥을 지었습니다.
그리고 다시 항아리로 들어가려고 했습니다.

Das Karpfenmädchen kochte in der Küche und versuchte dann, wieder in den Krug zu kommen.

“색시! 잉어 색시!”
어부가 부르자 잉어 색시는 무척 놀라더니
이렇게 말했습니다.

“저는 용왕님의 딸이랍니다.
세상 구경을 하려고 나왔다가
잡혀버렸지요.
저를 살려주셔서 정말 감사해요”

“색시, 저는 혼자 사는 처지인데
저와 결혼해 주시오”
총각이 용기를 내어 말했습니다.
그러자 색시가 대답했습니다.

“하지만 조건이 있어요, 제가 목욕하는 것은
일 년 동안 절대 쳐다보지 말아 주세요.”

“알겠소. 약속을 지키겠습니다.”

그렇게 어부는 잉어 색시와 함께
살 게 되었습니다.

일 년이 다 되어가던 어느 날,
너무도 궁금했던 어부는 몰래
색시가 목욕하는 것을 훔쳐보았습니다.
그러자 색시는 곧 잉어로 변했습니다.

잉어가 말했습니다.

“일 년 동안 약속을 지켜주셨다면
저는 영원히 사람이 될 수 있었을 텐데…”

결국 어부는 눈물을 흘리며 잉어를
강에 놓아주었습니다.

„Junge Frau! Karpfenfrau!“
Als der Fischer rief, war das Karpfenmädchen
sehr überrascht und sagte,

„Ich bin die Tochter des Drachenkönigs. Ich
ging hinaus, um die Welt zu sehen und wurde
von einem Fischer gefangen. Danke, dass du
mich am Leben gelassen hast.“

„Junge Frau, Ich bin Junggeselle und lebe
allein. Bitte heirate mich“, sagte der
Junggeselle mutig. Da antwortete das
Karpfenmädchen.

„Aber es gibt eine Bedingung. Bitte sieh mir
ein Jahr lang nie beim Baden zu.“

„Okay. Ich werde mein Versprechen halten.“

So kam es, dass der Fischer mit dem
Karpfenmädchen zusammenlebte.

Eines Tages, gegen Ende des ersten Jahres,
schaute der neugierige Fischer heimlich seiner
Frau beim Baden zu. Dann verwandelte sich
die Frau bald in einen Karpfen.

Der Karpfen sagte,

„Wenn du dein Versprechen ein Jahr lang
gehalten hättest, hätte ich für immer ein
Mensch werden können...“

Schließlich vergoss der Fischer Tränen und
ließ den Karpfen in den Fluss.

Kulturnote

Vokabeln

혼자 allein 어부 Fischer 잉어 Karpfen 갑자기 plötzlich 이런 in den Sinn
분명히 bestimmt 벌주다 bestrafen 항아리 Gefäß (저녁) 밥상 Abendessen
누가 wer 다음 nächst 들여다보다 schauen in 색시 Mädchen 나오다
herauskommen 부엌 Küche 무척 sehr 세상 Welt 구경하다 sehen
용기내어 mutig 조건 Bedingung 목욕 Baden 년 Jahr 동안 lang (일년 동안 -
ein Jahr lang) 그렇게 so 너무도 neugierig 훔쳐보다 heimlich zuschauen
영원히 für immer 눈물흘리다 tränen

Sprichwörter

달면 삼키고 쓰면 뱉는다.
(Wörtlich) Schlucke, was süß schmeckt und spucke aus, was bitter schmeckt.
Er bezieht sich auf eine Person, die etwas nur dann tut, wenn es nützlich oder vorteilhaft ist und die Versprechen nicht einhält.

Leseverständnis

Der Geschichte zufolge glaubte der Fischer, dass der Karpfen, den er gefangen hatte, ein ganz besonderer war.

A. Richtig B. Falsch

Der Fischer legte ihn in ein Glas, um ihn ...

A. zu kochen. B. aufzuziehen. C. zu töten. D. zu verkaufen.

Anhand der Geschichte können wir davon ausgehen, dass _______ normalerweise das Abendessen zubereitet.

A. seine Frau B. er selbst C. seine Mutter D. sein jüngerer Bruder

Die Geschichte besagt, dass das Karpfenmädchen das Abendessen für den Fischer zubereitete, weil sie ...

A. einen Groll gegen ihn hegte.
B. dankbar war, dass sie ihr Leben verschont hat.
C. eine wichtige Nachricht aus dem Drachenpalast überbringen sollte.
D. lernte, wie man ein Mensch wird.

Aus der Geschichte wissen wir, dass der Drachenkönig mehr als eine Tochter hat.

A. Ja B. Nein

Der Junggeselle wusste nicht, dass der Karpfen eigentlich die Tochter des Drachenkönigs war, als er ihn fing.

A. Richtig B. Falsch

Die Karpfenfrau verwandelte sich wieder in einen Karpfen, weil ihr Mann ...

A. sie nicht von ganzem Herzen geliebt hat. B. er nicht ganz ehrlich zu ihr war.
C. er nicht geglaubt hat, dass sie die Tochter des Drachenkönigs ist.
D. er sein Versprechen gebrochen hat.

Answer : A / B / B / B / B / A / D

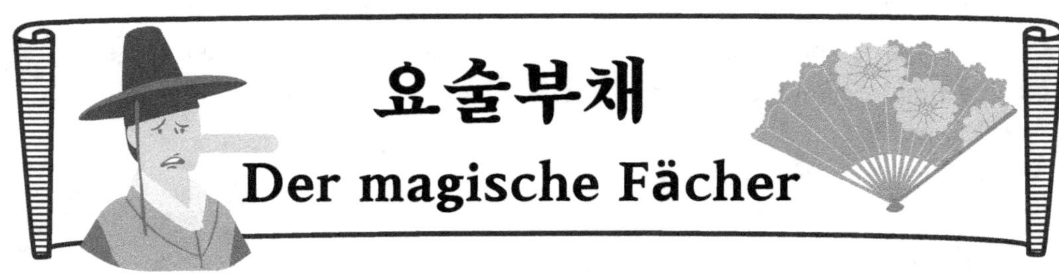

요술부채
Der magische Fächer

하늘나라의 옥황상제는
빨간 부채와 파란 부채를 갖고 있었습니다.

Der Jadekaiser des Himmels hatte einen roten Fächer und einen blauen Fächer.

어느 날, 옥황상제는 부채들을
인간들이 사는 지상으로 떨어뜨렸습니다.

Eines Tages ließ der Jadekaiser seine Fächer auf den Boden fallen, auf dem die Menschen leben.

숲을 지나가던 나무꾼이
그 부채들을 주웠습니다.
더위에 지쳐있던 나무꾼은
그늘에 앉아 부채질하기 시작했습니다.

Ein Holzfäller, der durch den Wald ging, sammelte die Fächer ein.
Der Holzfäller, müde von der Hitze, setzte sich in den Schatten und begann zu fächeln.

나무꾼이 빨간 부채로 부채질을 하니,
코가 기다랗게 늘어났습니다.

Als der Holzfäller sich mit dem roten Fächer fächelte, zog sich seine Nase lang.

깜짝 놀란 나무꾼은 서둘러 파란 부채로
부채질을 하기 시작했습니다.

Überrascht begann der Holzfäller eilig mit dem blauen Fächer zu fächeln.

그러자 신기하게도 코가 조금씩 줄어들어
원래의 모습이 되었습니다.

Seltsamerweise wurde seine Nase allmählich kleiner und nahm ihre ursprüngliche Form an.

나무꾼은 마을 최고 부자의 집으로 향했습니다.
나무꾼은 부자에게 신기한 마법을
보여주겠다고 했습니다.

Der Holzfäller ging zum Haus des reichsten Mannes im Dorf. Der Holzfäller sagte, er würde dem reichen Mann seltsame Magie zeigen.

그리고 나무꾼은
부자의 얼굴에 빨간 부채로 부채질을 하기
시작했습니다. 부자의 코는 길게 늘어났습니다.
나무꾼은 곧바로 집으로 돌아왔습니다.

Und der Holzfäller begann, das Gesicht des reichen Mannes mit dem roten Fächer zu fächeln. Die Nase des reichen Mannes zog sich lang. Der Holzfäller kehrte sofort nach Hause zurück.

코가 흉칙하게 길어진 부자는 충격을 받아
쓰러졌습니다. 유명한 의원들도 치료가
불가능하다며 포기했습니다.

부자는 자신의 병을 고쳐주는 사람에게
금화를 주겠다고 약속했습니다.
나무꾼은 그제야 파란 부채를 들고
다시 부자를 만났습니다.

"제가 병을 고쳐주면 정말로
금화를 받을 수 있지요?"

나무꾼의 질문에 부자는 그러겠다고
하였습니다. 나무꾼은 파란 부채로
부채질을 해주었습니다.
부자의 코는 다시 줄어들었고,
나무꾼은 금화를 받았습니다.

나무꾼은 어느 날, 자신의 코에 빨간 부채로
부채질을 하기 시작했습니다.
자신의 코가 얼마나 길어질지
궁금해졌기 때문입니다.

나무꾼의 코는 계속 커져서,
옥황상제님이 사는 하늘나라까지 닿았습니다.
나무꾼의 코에 걸려 넘어진 옥황상제님은
화가 났습니다. 옥황상제님은 나무꾼의 코를
기둥에 꽁꽁 묶어두었습니다.

기둥에 코가 묶인 나무꾼은 코가 아파지기
시작했습니다. 그래서 곧바로 파란 부채로
부채질을 하기 시작했습니다. 코가 줄어들며,
몸이 하늘로 떠오르기 시작했습니다.

이러한 상황을 모르는 옥황상제는 나무꾼을
용서하기로 하고, 코를 풀어주었습니다.
나무꾼은 땅으로 곤두박질쳐버렸습니다.

Der reiche Mann, dessen Nase furchtbar lang war,
brach vor Schreck zusammen. Auch berühmte
Ärzte gaben auf und sagten, es sei unmöglich, die
Krankheit zu behandeln,

und der reiche Mann versprach, demjenigen
Goldmünzen zu geben, der seine Krankheit heilen
könne. Erst dann traf der Holzfäller den reichen
Mann mit dem blauen Fächer wieder.

„Wenn ich deine Krankheit heile, kann ich dann
wirklich Goldmünzen bekommen?"

Als der Holzfäller ihn fragte, sagte der reiche Mann
ja. Der Holzfäller fächelte ihm mit dem blauen
Fächer zu. Die Nase des reichen Mannes
schrumpfte wieder, und der Holzfäller erhielt
Goldmünzen.

Eines Tages fing der Holzfäller sich mit dem roten
Fächer die Nase zu fächeln, weil er sich fragte, wie
lang seine Nase wohl sein würde.

Die Nase des Holzfällers wuchs weiter und
erreichte den Himmel, in dem der Jadekaiser lebte.
Der Jadekaiser, der über die Nase des Holzfällers
stolperte, wurde wütend. Der Jadekaiser band die
Nase des Holzfällers fest an einen Pfeiler.

Der Holzfäller, der mit seiner Nase an einen Pfeiler
gebunden war, bekam eine schmerzende Nase. Also
begann er sofort mit dem blauen Fächer zu fächeln.
Doch seine an eine Säule gebundene Nase wurde
kleiner und sein Körper begann, sich in den
Himmel zu erheben.

Der Jadekaiser, der diese Situation nicht kannte,
beschloss, dem Holzfäller zu verzeihen und befreite
seine Nase, die an einen Pfeiler gebunden war. Der
Holzfäller stürzte zu Boden. Der Holzfäller
bedauerte seine Gier.

Kulturnote

Vokabeln

하늘나라 Himmel 옥황상제 Jadekaiser 빨간 rot 파란 blau 부채 Fächer
더위 Hitze 그늘 Schatten 부채질하다 fächeln 기다랗게 lang 늘어나다 sich
ziehen 조금씩 allmählich 줄어들다 kleiner werden 원래 ursprünglich
최고 부자 reichst 마법 Magie 얼굴 Gesicht 흉칙하게 furchtbar 충격 Schreck
불가능한 unmöglich 금화 Goldmünzen 약속하다 versprechen
정말로 wirklich 질문하다 fragen 닿다 erreichen 걸려 넘어지다 stolpern
기둥 Pfeiler 묶어두다 festbinden 상황 Situation 용서하다 verzeihen
풀어주다 befreien 곤두박질치다 bedauern

Sprichwörter

욕심은 끝이 없고 불평은 한이 없다
(Wörtlich) Die Gier hört nie auf. Beschwerden kennen keine Grenzen.

Die Menschen sollten lernen, mit dem zufrieden zu sein,
was sie haben, sonst werden sie nie glücklich sein.

Leseverständnis

Der Geschichte nach mag der Jadekaiser den roten Fächer mehr als den blauen.

A. Richtig B. Falsch

Der Geschichte zufolge wusste der Holzfäller, was passieren würde, wenn er die Ventilatoren benutzt.

A. Richtig B. Falsch

Anhand der Reaktion des Holzfällers können wir davon ausgehen, dass er schon immer eine längere Nase haben wollte.

A. Richtig B. Falsch

Der Holzfäller ging zum Haus des reichen Mannes, um die Fächer zu verkaufen.

A. Richtig B. Falsch

Als er das Haus des reichen Mannes besuchte, wusste der Holzfäller, was passieren würde, wenn er die Fächer benutzte.

A. Richtig B. Falsch

Aufgrund der Geschichte können wir davon ausgehen, dass der Jadekaiser das Leben des Holzfällers nicht nehmen wollte.

A. Richtig B. Falsch

Answer : B / B / B / B / A / A

깨진 유리그릇
Die Schale aus zerbrochenem Glas

옛날 옛적, 어느 마을에
부자 노인이 살고 있었습니다.

노인은 빛깔이 곱고 아름다운 유리그릇이
두 개 있었습니다.

노인은 이 유리그릇들을 마치 자식처럼 여기며
매일 정성스럽게 닦았습니다.

어느 날, 노인이 집을 비운 사이
하녀가 방을 청소하기 시작했습니다.
하지만 하녀는 실수로
노인이 아끼던 유리그릇 하나를 깨뜨렸습니다.

하녀는 겁에 질렸습니다.
하녀는 소리 내어 울기 시작했습니다.
얼마 후, 하녀의 울음소리를 듣고
노인의 아내가 들어왔습니다.

하녀는 바닥에 엎드려서 용서를 빌었습니다.
아내 역시, 노인이 아끼던 유리그릇이 깨진 것을
보고 깜짝 놀랐습니다. 하지만 마음씨 착한
아내는 하녀를 달래주었습니다.

날이 어두워지자 노인이 집으로 돌아왔습니다.
그리고 유리그릇이 하나밖에 없는 것을
발견했습니다. 아내가 노인에게 말했습니다.

Es war einmal ein reicher alter Mann, der in einem
Dorf lebte.

Der alte Mann hatte zwei wunderschöne Glasschalen
mit schönen Farben.

Der alte Mann behandelte diese Glasschalen, als
wären sie Kinder und polierte sie jeden Tag
sorgfältig.

Eines Tages, als der alte Mann weg war, begann das
Dienstmädchen, das Zimmer zu reinigen. Doch das
Dienstmädchen zerbrach versehentlich eine
Glasschale, die der alte Mann liebte.

Das Dienstmädchen wurde von Angst übermannt.
Das Dienstmädchen begann laut zu schreien. Einen
Moment später kam die Frau des alten Mannes
herein, nachdem sie den Schrei des Dienstmädchens
gehört hatte.

Das Dienstmädchen legte sich auf den Boden und
flehte um Vergebung. Die Frau war auch überrascht,
als sie die zerbrochene Glasschale sah, die der alte
Mann gehegt hatte. Doch die gutherzige Frau
beruhigte die Magd.

Als es dunkel wurde, kehrte der alte Mann nach
Hause zurück und stellte fest, dass es nur noch eine
Glasschale gab. Die Frau sagte es dem alten Mann,

“제가 잘못해서 깨뜨렸습니다. 용서해주세요.”

노인은 무섭게 화를 냈습니다.
그때 하녀가 무릎을 꿇고 빌기 시작했습니다.
사실은 자신이 그랬다고 고백했습니다.

하지만 노인은 절대로 용서할 수 없다며
소리쳤습니다.

바로 그때, 하녀가 일어났습니다.
그리고, 나머지 하나 남은 유리그릇을
깨뜨렸습니다. 노인은 머리끝까지 화가 나서는
하녀를 무섭게 노려보았습니다.
하녀는 흐느끼며 말했습니다.

“저는 이미 죽은 것과 같습니다.
하지만 다른 사람이 남은 유리그릇을 깨뜨리고
죽게 될까 봐 미리 그것을 깨뜨린 것입니다.”
하녀의 말에 노인은 놀랐습니다.

조용히 듣고 있던 아내가 말했습니다.

“여보, 유리그릇을 깨뜨린 것은 잘못이지만
어찌 유리 그릇이 사람 목숨보다 귀하겠습니까?”

노인은 한참 동안 말이 없었습니다.
얼마 후, 노인은 미소를 지으며 말했습니다.

“당신이 맞는 말을 했소.
다시는 이런 일로 화를 내지 않겠소.”

그 후로 노인은 유리그릇들을 소중하게 여기지
않았습니다. 아무리 멋진 유리그릇이라도
사람보다 귀하지 않다는 것을 마음 깊이
깨달았기 때문입니다.

„Ich habe es aus Versehen kaputt gemacht. Bitte
vergib mir.“

Der alte Mann wurde beängstigend wütend. Und
in diesem Moment begann die Magd zu knien
und zu betteln. Sie gestand, dass sie es
tatsächlich getan hatte.

Aber der alte Mann schrie, dass er ihr nie
verzeihen würde.

In diesem Moment stand das Dienstmädchen auf
und zerbrach die verbliebene Glasschale. Der alte
Mann wurde wütend bis in die Haarspitzen und
starrte die Magd grimmig an. Das
Dienstmädchen schluchzte und sagte,

„Ich bin schon so gut wie tot. Aber ich habe den
Rest im Voraus gebrochen, weil ich Angst hatte,
dass jemand anderes ihn bricht und stirbt.“ Der
alte Mann war von den Worten des
Dienstmädchens überrascht.

Die Frau, die leise zugehört hatte, sagte,

„Schatz, es ist falsch, eine Glasschale zu
zerbrechen, aber wie kann eine Glasschale
wertvoller sein als ein Menschenleben?“

Der alte Mann sprach lange Zeit nicht. Nach
einer Weile lächelte der alte Mann und sagte,

„Du hast das Richtige gesagt. Ich werde mich nie
wieder über solche Dinge aufregen.“

Seitdem schätzt der alte Mann keine Glasschalen
mehr, denn er hat zutiefst erkannt, dass eine
Glasschale, so schön sie auch sein mag, nicht
wertvoller ist als ein Mensch.

Kulturnote

Im traditionellen Korea, einer väterlichen Gesellschaft, hatte das Oberhaupt des Haushalts die absolute Macht, alle Entscheidungen zu treffen. Das Zerbrechen seiner Lieblingsglasschale bedeutete also eine große Strafe. In dieser Geschichte kannst du eher an die Menschenwürde als an materielle Dinge denken. Außerdem kannst du die Weisheit seiner Frau kennenlernen, die das Dienstmädchen gerettet und ihren Mann auch in schwierigen Situationen aufgeklärt hat.

Vokabeln

고운 schön 아름다운 wunderschön 유리 Glas 그릇 Schale 마치 als äre/wären 여기다 behandeln 정성스럽게 sorgfältig 사이 als 하녀 Dienstmädchen 청소하다 reinigen 아끼다 lieben 겁에 질리다 von Angst übermannt werden 바닥 Boden 엎드리다 sich legen 마음씨 착한 gutherzig 어두워지다 dunkel werden 하나밖에 nur noch ein/eine 사실은 tatsächlich 무릎 Knie 고백하다 gestehen 나머지 verblieben 머리끝까지 bis in die Haarspitzen 노려보다 anstarren 다른 사람 jemand anderes 조용히 leise 한참 동안 lange Zeit 미소짓다 lächeln 아무리 so

Sprichwörter

말 한마디로 천냥 빚 갚는다.
(Wörtlich) Du kannst eine Schuld von tausend Nyang mit einer einzigen Rede begleichen.

Eine gute Zunge ist eine gute Waffe. / Ein sanftes Wort öffnet ein eisernes Tor.

Leseverständnis

Der Geschichte nach hatte der alte Mann mehr als zwei Glasschüsseln.

A. Richtig B. Falsch

Das Dienstmädchen hatte Angst, weil sie das Zimmer des alten Mannes nicht sauber machen sollte.

A. Richtig B. Falsch

Die Frau war überrascht, weil ...

A. die Glasschale fehlte. B. die Glasschale zerbrochen war.
C. die Glasschale eine andere Farbe hatte. D. die Glasschale schwer war.

Was war die wahrscheinlichste Emotion des alten Mannes, als er nach Hause kam?

A. Verängstigt B. Friedlich C. Erschöpft D. Hoffnungslos

Der alte Mann wurde wütend, weil er herausfand, dass ...

A. das Zimmermädchen sein Zimmer gereinigt hatte. B. seine Frau ihn angelogen hat. C. die Glasschale zerbrochen war. D. das Dienstmädchen tatsächlich die Glasschale gestohlen hat.

Das Dienstmädchen zerbrach die andere Glasschüssel, um ...

A. deutlich zu machen, dass das Leben wichtiger ist als eine Glasschale. B. ihre Wut zu zeigen. C. ihre Unschuld zu beweisen. D. die Unschuld der Frau zu beweisen.

Anhand der Geschichte können wir davon ausgehen, dass der alte Mann die Glasschalen nicht mehr schätzte, weil ...

A. er sie sich nicht mehr leisten konnte. B. er dachte, sie seien zerbrechlich.
C. er die Lektion gelernt hat, dass das Leben wertvoller ist.
D. er sich selbst mehr als alles andere liebte.

Answer : B / B / B / A / C / A / C

참외와 황소
Die Birne und der Ochse

옛날 어느 마을에 한 농부가 있었습니다.
농부는 가난했지만 부지런하고
인정도 많았습니다. 농부는 정성껏
참외 농사를 지었습니다. 여름이 되자,
노란 참외가 탐스럽게 열렸습니다.

농부는 잘 키운 참외를 마을 사람들에게
골고루 나누어 주었습니다.

그런데 그 중에서
유난히 크고 탐스러운 참외를 발견했습니다.
농부는 이 귀한 참외를 원님에게
가져가기로 했습니다.

이 마을의 원님은 어질고
지혜로웠기 때문입니다.
원님은 참외를 받고 크게 기뻐했습니다.

"이렇게 귀한 선물은 처음이구나. 여봐라,
요즘 들어온 것 중에 가장 귀한 것이 무엇이냐?

원님이 이방에게 물었고 이방은
황소 한 마리가 있다고 말했습니다.
원님은 그 황소를 농부에게 상으로 주었습니다.

착한 농부는 참외 하나로
황소를 얻을 수 있었습니다.
착한 농부가 상을 받았다는 이야기는
금방 널리 퍼졌습니다.

Es war einmal ein Bauer, der lebte in einem
Dorf. Der Bauer war arm, aber er war fleißig
und sehr barmherzig. Der Bauer baute sorgfältig
Birnen an. Als der Sommer kam, wurden viele
gelbe Birnen geerntet.

Der Bauer verteilte die Birnen gleichmäßig an
die Dorfbewohner.

Aber unter ihnen fand er eine außergewöhnlich
große und lecker aussehende Birne. Der Bauer
beschloss, diese wertvolle Melone zum
Magistrat zu bringen,

denn der Magistrat dieses Dorfes war gütig und
weise.Der Magistrat war sehr froh, die Birne zu
erhalten.

„Ich habe noch nie ein so wertvolles Geschenk
gesehen. Was ist das Wertvollste, das in diesen
Tagen gekommen ist?"

Der Magistrat fragte einen Regierungsbeamten
und der sagte, dass es einen Ochsen gibt. Der
Magistrat gab dem Bauern den Ochsen als Preis.

Der gute Bauer konnte mit einer Birne einen
Ochsen bekommen. Die Geschichte, dass ein
guter Bauer eine Auszeichnung erhalten hat, hat
sich schnell verbreitet.

같은 마을에 사는 욕심쟁이는
이 소문을 듣고 온종일 배가 아팠습니다.
그리고, 자신도 똑같이 따라 하려고
마음먹었습니다.

하지만 이미 착한 농부가 가져갔던 참외를
또 가져갈 수는 없었습니다. 욕심쟁이는
당장 외양간으로 달려갔습니다.
외양간에서 병든 황소를 끌고
원님 앞으로 몰고 갔습니다.

"제가 평생 소를 키웠지만 이렇게 크고 튼튼한
황소는 처음입니다. 받아주십시오."

원님은 황소를 보고 욕심쟁이의 속내를
눈치챘습니다. 지혜로운 원님은 이방을
불렀습니다.

"여봐라, 요즘 들어온 것 중에
가장 귀한 것이 무엇이냐?"

욕심쟁이는 무슨 귀한 선물을 받을까
궁금했습니다. 황금? 보석? 하지만
이방의 대답을 듣고 깜짝 놀랐습니다.

"얼마 전에 들어온 크고 귀한 참외가 있습니다."
"잘됐구나. 그 참외를 이 사람에게
상으로 주어라."

집으로 돌아온 욕심쟁이는
울음을 터뜨렸습니다.

욕심쟁이는 괜한 욕심으로 황소를
참외와 맞바꾸게 되었답니다.

Der gierige Mann, der in demselben Dorf lebte,
war den ganzen Tag über krank vor Neid,
nachdem er diese Geschichte gehört hatte. Er
beschloss, den gleichen Weg zu gehen.

Aber er konnte keine weitere Birne nehmen, die
der gute Bauer schon genommen hatte. Der
gierige Mann kam auf eine gute Idee. Der
gierige Mann rannte sofort in die Scheune. Er
zerrte einen alten und kranken Ochsen aus der
Scheune und schleppte ihn vor den Magistrat.

„Ich habe mein ganzes Leben lang Kühe
gezüchtet, aber ich hatte noch nie einen so
großen und starken Ochsen. Bitte nimm es an.“

Als der Richter den Stier sah, erkannte er die
inneren Beweggründe des gierigen Mannes. Der
weise Magistrat rief den Regierungsbeamten an.

„Hallo, Was ist das Wertvollste, das in diesen
Tagen gekommen ist?“

Der gierige Mann war neugierig, was für ein
wertvolles Geschenk er erhalten würde. Gold?
Schmuck? Aber er war überrascht, als er die
Antwort des Regierungsbeamten hörte.

„Es gibt eine große und wertvolle Birne, die vor
nicht allzu langer Zeit reingekommen ist.“
„Das ist großartig. Gib dieser Person die Birne
als Preis.“

Als er nach Hause kam, brach der gierige Mann
in Tränen aus.

Der gierige Mann tauschte wegen seiner
nutzlosen Gier den Ochsen gegen eine Birne ein.

Kulturnote

Vokabeln

부지런하다 fleißig sein 인정 많다 barmherzig sein 참외 gelbe Birne 농사를 짓다 anbauen 여름 Sommer 노란 gelb 탐스럽게 viel 열리다 geerntet werden 골고루 gleichmäßig 그중에서 unter ihnen 유난히 außergewöhnlich 원님 Magistrat 어질다 gütig sein 지혜롭다 weise sein 여봐라 Hallo 요즘 in diesen Tagen 이 Regierungsbeamte 황소 Ochse 상 Preis 얻다 bekommen 금방 schnell 널리 퍼지다 sich verbreiten 온종일 den ganzen Tag 배가 아프다 von Neid krank sein 마음먹다 beschließen 병든 krank 튼튼한 stark 받아주다 annehmen 속내 innere Beweggründe 괜한 nutzlos 맞바꾸다 eintauschen

Sprichwörter

오르지 못할 나무는 쳐다보지도 마라.
(Wörtlich) Sieh den Baum, auf den du nicht klettern kannst, gar nicht erst an.

Es bedeutet, dass es besser ist, nicht über etwas nachzudenken, das deine Fähigkeiten übersteigt.

Leseverständnis

Laut der Geschichte war der Bauer arm, weil er barmherzig war.

A. Richtig B. Falsch

Der Geschichte nach können wir vermuten, dass Birnen im Sommer reif werden.

A. Richtig B. Falsch

Der Bauer teilte die Birnen mit den Dorfbewohnern, weil ...

A. die Birnen schlecht geworden sind. B. die Birnen nicht wertvoll waren.
C. der Bauer den Wert der Birnen nicht kannte. D. der Bauer gutmütig war.

Der Magistrat gab dem Bauern einen Ochsen als ...

A. Bestrafung B. Friedensangebot C. Hausaufgaben D. Belohnung

Nach der Geschichte können wir davon ausgehen, dass der gierige Mann glaubte, dass der Richter nicht herausfinden würde, dass es kein guter Ochse war.

A. Richtig B. Falsch

Der gierige Mann rechnete nicht damit, etwas Wertvolles vom Magistrat zu erhalten.

A. Richtig B. Falsch

Der Geschichte nach dachte der gierige Mann, dass eine gute Birne wertvoller ist als ein kranker Ochse.

A. Richtig B. Falsch

Answer : B / A / D / D / A / B / B

사이좋은 형제와 신비한 볏단
Die guten Brüder und die geheimnisvollen Reiskörner

옛날 아름다운 시골 마을에
우애 깊은 형제가 있었답니다.

Es war einmal in einem schönen Dorf auf dem Land, da gab es Brüder, die sich sehr nahe standen.

형제는 서로를 도우며
열심히 일했습니다.

Die Brüder halfen sich gegenseitig und arbeiteten härter als jeder andere im Dorf.

가을이 되자 많은 곡식을 수확했습니다.
형제는 곡식을 사이좋게 똑같이 나누었습니다.

Im Herbst wurde eine Menge Getreide geerntet. Die Brüder teilten das Getreide zu gleichen Teilen.

그날 밤, 집으로 돌아간 형은
곰곰이 생각 했습니다.

In dieser Nacht dachte der ältere Bruder, der nach Hause kam, über alles nach.

'아우는 최근에 장가를 갔으니
필요한 게 많을 거야.
볏단을 좀 나누어 주어야지'

Mein jüngerer Bruder hat vor kurzem geheiratet, also wird er eine Menge Dinge brauchen. Ich verteile jetzt ein paar Reisgarben.

밤에 몰래 집을 나온 형은
아우 집의 곳간에 볏단을 올려놓고
기분 좋게 돌아왔습니다.

Der ältere Bruder, der sich nachts heimlich aus dem Haus geschlichen hatte, kam erfreut zurück, nachdem er die Reisgarben in der Scheune des Hauses seines Bruders gelassen hatte.

그런데 아우도 마찬가지로
이런저런 생각을 하고 있었습니다.

Aber der jüngere Bruder dachte auch über viele andere Dinge nach.

'형님은 식구도 많고
부모님 제사도 모셔야 하니
볏단이 많이 필요할 거야'

Mein älterer Bruder hat eine große Familie und muss die Ahnenfeier für unsere Eltern abhalten, also braucht er viele Reisgarben.

그리고는 아우는
자기의 곳간에서
볏단을 가져와 형 집의 곳간에 몰래 놓고
흐뭇해했습니다.

다음 날 아침에 일어난 형제는 놀랐습니다.
자기 집 곳간의 볏단이
그대로였기 때문입니다.

형제는 이상하다고 생각했지만,
서로에게 이야기할 수가 없었습니다.
만약 서로가 이 사실을 알면
받지 않을 것이 뻔했기 때문이었습니다.

밤이 되자 형제는 다시 지난밤처럼
볏단을 옮겨 놓았습니다. 그러나 아침이 되면
볏단은 여전히 그대로였습니다.

'오늘은 일찍 가서
남은 볏단을 세어봐야지'

다음 날 저녁,
다시 볏단을 지고 아우 집으로 갔습니다.

그런데 저 멀리 희미한 달빛 속에서
누군가 볏단을 지고 오는 것을 보았습니다.

그림자가 점점 가까워졌을 때
형은 그 사람이 아우라는 것을 알았습니다.
동생도 달빛에 비친 사람이
형이라는 것을
알게 되었습니다.

서로를 생각하며
자신의 것을 나누어 주려던 형제는
서로를 보며 웃었답니다.

Da nahm der jüngere Bruder die Reisgarben aus
seiner Scheune und legte sie heimlich in die
Scheune des Hauses seines Bruders und war
zufrieden.

Die Brüder, die am nächsten Morgen aufwachten,
waren überrascht, denn die Reisgarben in den
Scheunen ihrer Häuser waren immer noch die
gleichen.

Der ältere Bruder und der jüngere Bruder fanden
das seltsam, aber sie konnten nicht miteinander
reden, weil es offensichtlich war, dass sie es nicht
akzeptieren würden, wenn sie das wüssten.

In der Nacht bewegten die Brüder die Reisgarben
wieder wie in der Nacht zuvor. Aber am Morgen
waren die Reisspuren immer noch dieselben.

*Ich werde früh gehen und die restlichen Reisgarben
zählen.*

Am nächsten Abend brachte der ältere Bruder die
Reisgarben zurück zum Haus seines Bruders.

Doch im schummrigen Mondlicht sah er in der
Ferne jemanden, der eine Reisgarbe brachte.

Als der Schatten näher und näher kam, wusste der
ältere Bruder, dass es sein jüngerer Bruder war. Der
jüngere Bruder fand auch heraus, dass die Person,
die sich im Mondlicht spiegelte, sein älterer Bruder
war.

Die Brüder, die versuchten, das herauszugeben,
was sie hatten, während sie aneinander dachten,
lächelten sich gegenseitig an.

Kulturnote

In traditionellen koreanischen Volksmärchen wird der ältere Bruder oft als eine Figur mit viel Reichtum, aber zu gierig dargestellt. Das liegt daran, dass der älteste Sohn aufgrund des Konfuzianismus in Korea das gesamte Erbe seiner Eltern erbt. Aber in dieser Geschichte zeigen die Brüder, wie sie sich umeinander kümmern und lieben. Die Moral der Geschichte ist, dass die Familie wertvoller ist als Reichtum und dass, wenn du anderen hilfst, das Glück dich finden wird.

Vokabeln

우애 깊은 sich nahe stehen 돕다 helfen 곡식 Getreide 수확하다 ernten 곰곰이 생각하다 nachdenken 장가 heiraten 볏단 Reisgarbe 좀 ein paar 이런저런 viele andere inge 제사 Ahnenfeier 모시다 abhalten 많이 viel 흐뭇해하다 zufrieden sein 아침 Morgen 그대로 gleich 이상한 seltsam 뻔하다 offensichtlich sein 여전히 immer noch 일찍 früh 남은 restlich 희미한 schummrig 달빛 sich spiegeln 점점 가까워지다 näher kommen

Sprichwörter

윗물이 맑아야 아랫물도 맑다.
(Wörtlich) Das Wasser des unteren Baches ist nur sauber, wenn das Wasser des oberen Baches sauber ist.

Der Ältere (Vorgesetzte) muss gut sein, damit der Jüngere (Junior) folgen und gut sein kann.

Leseverständnis

Der Geschichte zufolge waren die Brüder eifersüchtig aufeinander.

A. Richtig B. Falsch

Die Brüder verdienten ihren Lebensunterhalt mit dem Verkauf von Obst auf einem Markt.

A. Richtig B. Falsch

Welcher der Brüder hat kürzlich geheiratet?

A. Der jüngere Bruder B. Der ältere Bruder C. Keiner von ihnen

Der jüngere Bruder war glücklich, dass er mehr Reisgarben hatte als sein älterer Bruder.

A. Richtig B. Falsch

Die Brüder waren überrascht, als sie am Morgen aufwachten, denn die Reisgarben waren ...

A. verschwunden. B. verdorben C. in Flammen. D. unverändert.

Zuerst zweifelten die Brüder daran, dass ihre Frau die Täterin war.

A. Richtig B. Falsch

Was ist die wahrscheinlichste Reaktion der Brüder, als sie herausfanden, dass sie es waren, die die Reisgarben bewegt haben?

A. Wut B. Verwirrung C. Dankbarkeit D. Zweifel

Answer : B / B / A / B / D / B / C

나무 그늘을 산 소년
Der Junge, der den Schatten eines Baumes kaufte

옛날 어느 마을에
욕심쟁이 부자 노인이 살았습니다.

욕심쟁이 부자 노인의 집 앞에는
커다란 느티나무가 한 그루 있었습니다.

더운 여름날이면 부자 노인은 시원한 느티나무
아래에서 낮잠을 자곤 했습니다.

그런데 어느 날, 소년이 옆에 와서 앉는 바람에
부자 노인이 잠에서 깨어났습니다.

"이놈! 내 그늘에 왜 마음대로 앉느냐?
당장 꺼져라!"

소년은 깜짝 놀라서 물었어요.

"어떻게 이 나무 그늘이 영감네 것입니까?"
"이 나무는 우리 할아버지가 심으셨다.
그러니 내 것이지, 아니면 누구 거란 말이냐?"

소년은 어안이 벙벙했습니다.
소년은 못된 노인을 골려 주고 싶어졌습니다.

"아이고, 영감! 용서하세요. 제가 잘 몰랐습니다.
그런데 저도 그늘이 필요하니
이 나무 그늘을 저에게 파시겠어요?"

욕심 많은 부자 노인은 귀가 솔깃했습니다.

Es war einmal ein gieriger,
reicher alter Mann, der in einem Dorf lebte.

Vor dem Haus des gierigen alten Mannes stand ein
großer Zelkova-Baum.

An heißen Sommertagen pflegte der reiche alte
Mann unter dem kühlen Zelkova-Baum ein
Nickerchen zu machen.

Aber eines Tages wachte der reiche alte Mann auf,
weil ein Junge kam und sich neben ihn setzte.

„Diese Göre! Warum sitzt du in meinem Schatten?
Hau ab, sofort!"

Der Junge war überrascht und fragte,

„Wie kann der Schatten dieses Baumes zu dir
gehören?"
„Dieser Baum wurde von meinem Großvater
gepflanzt. Also ist es meins, oder wessen ist es?"

Der Junge war verblüfft.
Der Junge wollte den bösen alten Mann ärgern.

„Oh je. Sir! Verzeih mir. Ich wusste das nicht. Aber
ich brauche auch Schatten. Würdest du den Schatten
dieses Baumes an mich verkaufen?"

Der gierige, reiche alte Mann war versucht,
zuzuhören.

""좋아, 그러나 나중에
되돌려 달라고 하면 안되네!"
"예, 걱정하지 마십시오. 얼마면 되겠습니까?"
"흠, 닷 냥은 받아야겠네."

소년에게 닷 냥은 아주 큰 돈이었습니다.
하지만 소년은 이내 돈을 마련해 돌아왔습니다.

시간이 지나고 해가 지기 시작했습니다.
그러자 나무 그림자가 서서히 부자 노인의 집
마당으로 길게 펼쳐지기 시작했습니다.

소년은 냉큼 일어나서 나무 그늘을 따라,
부자 노인 집 마당으로 자리를 옮겼습니다
.
해가 더 지자, 나무 그늘은
안방까지 닿았습니다. 소년은 안방에 들어가
드러누웠습니다.

"이야! 그늘이 참 시원하구나!"
"이놈이 이젠 내 집 안방까지 올라오네.
어서 썩 꺼지거라!"
"영감, 저는 제가 돈을 주고 산 나무의 그늘을
따라왔을 뿐입니다."

부자 노인은 할 말이 없었습니다.
그 뒤로도 소년은 부자 노인 집을
제집 드나들 듯했습니다.

마을 사람들도 초대해서
그늘에 함께 앉았습니다.

결국 부자 노인은 집을 버리고
멀리 떠났습니다. 소년은 그 집에서 사람들이
맘 놓고 쉴 수 있게 했습니다.

„Okay, aber du kannst mich nicht bitten, es später
zurückzugeben!"
„Ja, keine Sorge. Wie viel würde das kosten?"
„Hmm, ich sollte 5 Nyang bekommen."

Für den Jungen waren 5 Nyang eine Menge Geld.
Aber der Junge kam bald mit dem Geld zurück.

Als die Zeit verging, ging die Sonne langsam
unter. Dann begann sich der Schatten des Baumes
allmählich auf den Hof des Hauses des reichen
alten Mannes auszudehnen.

Der Junge stand schnell auf und ging in den Hof
des Hauses des reichen alten Mannes, der dem
Schatten des Baumes folgte.

Als die Sonne weiter stieg, erreichte der Schatten
des Baumes den Hauptraum. Der Junge betrat das
große Schlafzimmer und legte sich hin.

„Wow! Der Farbton ist so cool!"
„Diese Göre kommt jetzt hoch in mein
Schlafzimmer. Hau ab, sofort!"
„Sir, ich bin nur dem Schatten des Baumes
gefolgt, für den ich bezahlt habe."

Der reiche alte Mann hatte nichts zu sagen. Auch
danach schien der Junge im Haus des reichen
alten Mannes ein und aus zu gehen, als wäre es
sein Haus.

Die Dorfbewohner wurden auch eingeladen,
gemeinsam im Schatten zu sitzen.

Schließlich verließ der reiche alte Mann sein Haus
und zog weit weg. Der Junge erlaubte den
Menschen, sich im Haus zu entspannen.

Kulturnote

Die koreanische Gesellschaft basiert traditionell auf dem Konfuzianismus. Unter ihnen gilt der Respekt vor den älteren Menschen als eine der wichtigsten Tugenden. Das führt jedoch manchmal zu unzumutbaren Situationen. Ein Beispiel ist das Argument, dass du tun musst, was die ältere Person sagt. Du kannst es in dieser Geschichte sehen, in der ein reicher alter Mann unangemessene Forderungen an einen kleinen Jungen stellt. Dank des Geistes des cleveren Jungen wurde der gierige alte Mann gedemütigt und hat hoffentlich eine gute Lektion gelernt.

Vokabeln

커다란 groß 느티나무 Zelkova-Baum 그루 ein Baum 시원한 kühl 낮잠 Nickerchen 옆 neben 앉다 sich setzen 바람에 weil 깨어나다 aufwachen 마음대로 beliebig 꺼져라 hau ab 소년 Junge 어떻게 wie 영감 Großvater 아니면 oder 어안이 벙벙하다 verblüfft sein 못된 böse 골려주다 ärgern 아이고 Oh je 귀가 깃하다 zuhören 냥 Nyang 이내 bald 마련하다 mit dem Geld 서서히 allmählich 냉큼 schnell 일어나다 aufstehen 자리 옮기다 gehen in / den Ort wechseln 안방 Hauptraum 드러눕다 sich legen 제집 sein Haus 초대하다 einladen 버리다 verlassen 맘 놓다 sich entspannen

Sprichwörter

만사가 욕심대로라면 하늘에다 집도 짓겠다.
(Wörtlich) Wenn alles nach deiner Gier geht, kannst du ein Haus im Himmel bauen.

Es bedeutet, dass du dich vor übermäßiger Gier hüten sollst, denn du kannst nicht alles haben, was du willst.

Leseverständnis

Der Geschichte nach spendet der Baum genug Schatten, um mehr als eine Person zu beschatten.

A. Richtig B. Falsch

Der gierige alte Mann wachte aus einem Nickerchen auf, weil der Junge ...

A. ein lautes Geräusch gemacht hat. B. aus Versehen auf ihn getreten ist.
C. neben ihm saß. D. Freunde mitgebracht hat.

Die Geschichte besagt, dass der gierige alte Mann den Baum von seinem Großvater gekauft hat.

A. Richtig B. Falsch

Der Geschichte zufolge tat der Junge so, als würde er glauben, was der gierige alte Mann behauptete ...

A. Respekt zeigen. B. Ihm eine Lektion erteilen. C. Ein Baumhaus bauen.
D. Er soll ihn als seinen Sohn adoptieren.

Der Geschichte nach war der gierige Alte ______ von der Reaktion des Jungen auf sein Angebot, den Schatten für 5 Nyang zu verkaufen.

A. wütend B. gedemütigt C. versucht D. verängstigt

Der Geschichte zufolge hatte der Junge nie die Absicht, den Schatten von dem gierigen alten Mann zu kaufen.

A. Richtig B. Falsch

Was ist die wahrscheinlichste Emotion, die der gierige alte Mann hatte, als er sein Haus verließ?

A. Frieden B. Stolz C. Belohnung D. Bedauern

Answer : A / C / B / B / C / B / D

도깨비 요술 방망이와 개암
Der Zauberclub der Kobolde und die Haselnuss

옛날 옛적 어느 마을에 형제가 살았어요.

Es waren einmal zwei Brüder, die in einem Dorf lebten.

게으른 형은 일을 하나도 안 했어요.

Der faule ältere Bruder hat überhaupt nicht gearbeitet.

모든 일은 늘,
착하고 부지런한 동생이 다 했어요.

Der freundliche und fleißige jüngere Bruder hat immer alles gemacht.

어느 날,
동생이 산에 올라가서 나무를 베는데,
나무에서 개암이 떨어졌어요.

Eines Tages kletterte der jüngere Bruder auf einen Berg und fällte Bäume, wobei Haselnüsse vom Baum fielen.

동생은 개암을 보고 좋아할 형을 생각하며
주머니 가득 넣었어요.

Der jüngere Bruder sah Haselnüsse und füllte seine Tasche, weil er an seinen älteren Bruder dachte, der sie gerne hätte.

여기저기 떨어진 개암을 줍다 보니
어느새 날이 어두워졌어요.

Als er die Haselnüsse aufhob, die hier und da herunterfielen, wurde es plötzlich dunkel.

그래서 동생은 길을 잃었어요.

Also ging der jüngere Bruder verloren.

허둥지둥 길을 찾던 동생은
오두막 한 채를 보았어요.

Der jüngere Bruder, der es eilig hatte, seinen Weg zu finden, sah eine Hütte.

그 오두막에는 아무도 없었어요.

"여기서 하룻밤 자고,
날이 밝으면 산에서 내려가야겠다."

동생은 오두막으로 들어가
벽에 기대어 앉았어요.

눈이 감기려는 순간,
시끄러운 소리가 들렸어요.

깜짝 놀라서 문틈으로 살펴보았더니,
도깨비들이 집으로
성큼성큼 다가오고 있었어요.

동생은 후다닥 벽장으로 숨었어요.

도깨비들이 마당에 모였어요.

그리고 방망이로 바닥을 내려치자,
보물과 음식이 쏟아져 나왔어요.

음식을 보자 동생은
배가 고파졌어요.

'아 참, 개암이 있었지!'

동생은 개암을 꺼내
입에 넣었어요.

그리고 살짝 깨물었더니,
개암 깨지는 소리가 크게 났어요.

"어이구, 집이 무너지려나 보다!"

Es war niemand in der Hütte.

*Ich schlafe hier über Nacht und gehe vom Berg
herunter, wenn die Sonne aufgeht*

Der jüngere Bruder betrat die Kabine und setzte
sich an die Wand.

In dem Moment, in dem er die Augen schließen
wollte, hörte er ein lautes Geräusch.

Er war überrascht und schaute durch die Tür.
Die Kobolde näherten sich dem Haus.

Der jüngere Bruder versteckte sich schnell im
Kleiderschrank.

Die Kobolde versammelten sich auf dem Hof.

Als sie mit einer magischen Koboldkeule auf
den Boden schlugen, strömten Schätze und
Essen heraus.

Als der jüngere Bruder Essen sah,
wurde er hungrig.

Oh, richtig. Ich habe Haselnüsse!

Der jüngere Bruder nahm die Haselnüsse heraus
und steckte sie in seinen Mund.

Und als er ein wenig hineinbiss,
gab es ein lautes Knistergeräusch.

„Oh je. Das Haus stürzt gleich ein.“

놀란 도깨비들은 허둥지둥 달아났어요.

오두막에는
도깨비들이 두고 간 보물과 음식,
그리고 도깨비방망이가 있었어요.

동생은 날이 밝자,

보물과 도깨비방망이를 가지고
집으로 돌아왔어요.

지난밤 산에서 있었던 이야기를 들은 형은,
산으로 올라갔어요.

산에 도착하자마자 형은
주머니가 터지도록 개암을 주웠어요.

그리고 형은 벽장에 들어가서
밤이 되기를 기다렸어요.

멀리 도깨비들이 오는 소리가 들리자마자 형은,
개암을 입안 가득 넣고 깨물었어요.

그런데,
이번에는 도깨비들이
벽장문을 벌컥 열어젖혔어요.

"감히 우리 도깨비방망이를 훔쳐 가다니!"

Die überraschten Kobolde stürmten davon.

In der Hütte waren Schätze, Essen und die magischen Koboldkeulen zurückgelassen worden.

Als der Morgen kam,

der jüngere Bruder kehrte mit Schätzen und einer magischen Koboldkeule nach Hause zurück.

Als der ältere Bruder von der Geschichte der letzten Nacht auf dem Berg hörte, ging er auf den Berg.

Sobald der ältere Bruder auf dem Berg ankam, sammelte er so viele Haselnüsse, dass seine Taschen aufplatzen würden.

Der ältere Bruder ging in den Schrank und wartete auf die Nacht.

Sobald er die Kobolde von weitem kommen hörte, steckte er die Haselnüsse in den Mund und biss hinein.

Doch dieses Mal öffneten die Kobolde die Schranktür.

„Wie könnt ihr es wagen, unseren Club zu stehlen!"

형은 도깨비들에게
두들겨 맞았어요.

형은 절뚝거리며
간신히 집으로 돌아왔어요.

그날부터 형은 정신을 차렸어요.

그리고, 힘든 일도 아우와 함께하면서
사이 좋게 살았어요.

Er wurde von einem Goblin
zusammengeschlagen.

Der ältere Bruder kam kümmerlich humpelnd
nach Hause.

Von diesem Tag an lernte er eine Lektion.

Er lebte ein gutes Leben mit seinem jüngeren
Bruder und erledigte sogar die schwierige
Arbeit gemeinsam.

Kulturnote

Anders als die furchterregenden Kobolde in westlichen Volksmärchen haben die Kobolde in den traditionellen koreanischen Volksmärchen viele Ähnlichkeiten mit den Menschen. Manchmal sind sie albern, gemein, ängstlich, aber anhänglich. Die Kobolde in dieser Geschichte haben ihre Zauberkeule verloren, weil sie Angst hatten, aber sie konnten den gierigen älteren Bruder bestrafen, der kam, um sie wieder zu stehlen. Die Moral von der Geschichte ist, dass übermäßige Gier Unglück bringen kann.

Vokabeln

게으른 faul 나무를 베다 Bäume fällen 개암 Haselnüsse 주머니 Tasche 여기저기 hier und da 어느새 plötzlich 길을 잃다 verloren gehen 허둥지둥 eilig 여기 hier und da 하룻밤 über Nacht 벽 Wand 기대다 setzen sich an 감기다 schließen 순간 In dem Moment 시끄러운 laut 문틈 durch die Tür 살펴보다 schauen in 성큼성큼 sich nähern 후다닥 schnell 벽장 Kleiderschrank 숨다 sich verstecken 모이다 sich versammeln 방망이 Koboldkeule 내려치다 schlagen 쏟아져 나오다 herausströmen 깨물다 hineinbeißen 무너지다 einstürzen 열어젖히다 öffnen 감히 wagen 두들겨 맞다 geschlagen werden 절뚝 거리다 humpelnd kommen 간신히 kümmerlich 정신을 차리다 eine Lektion lernen

Sprichwörter

남의 떡이 더 커보인다.
(Wörtlich) Die Reiskuchen der anderen sehen größer aus.

Ein Ausdruck, der sich im übertragenen Sinne auf die endlose Gier der Menschen bezieht.

Leseverständnis

In der Geschichte heißt es, dass der ältere Bruder gar nicht gearbeitet hat, weil er ... war.

A. behindert B. verheiratet mit Kindern. C. zu alt. D. faul

Anhand der Geschichte können wir davon ausgehen, dass der ältere Bruder Haselnüsse mag.

A. Richtig B. Falsch

Der Geschichte nach verbrachte der jüngere Bruder viel Zeit damit, die Haselnüsse aufzusammeln.

A. Richtig B. Falsch

Der jüngere Bruder ging verloren, weil ...

A. er zu sehr darauf konzentriert war, die Haselnüsse aufzusammeln.
B. er nicht wusste, wie spät es war.
C. er noch nie auf dem Berg gewesen war.
D. niemand da war, der ihm helfen konnte.

Der jüngere Bruder wusste, dass das Haus den Goblins gehörte.

A. Richtig B. Falsch

Der ältere Bruder wusste, dass das Haus den Goblins gehörte.

A. Richtig B. Falsch

Der Geschichte nach müssen die Kobolde gedacht haben, dass der ältere Bruder derjenige war, der ihre Zauberkeule gestohlen hat.

A. Richtig B. Falsch

Answer : D / A / A / A / B / A / A

자신을 도둑맞은 도령
Der junge Meister, der sich hat bestehlen lassen

옛날에 이씨 성을 가진 한 도령이 살았습니다. 이 도령은 절에서 삼 년 동안 공부를 하고 집으로 돌아왔습니다.

그런데 이 도령은 집에 돌아와서 깜짝 놀랐습니다.

자기와 똑같은 모습을 한 사람이 있었기 때문입니다. 그런데 그 도령도 자기가 진짜 이 도령이라고 주장했습니다.

두 사람이 이렇게 다투고 있자, 이 도령의 부모님이 나왔습니다.

부모님은 누가 진짜 이 도령인지 알기 위해 여러 가지 질문을 했습니다. 하지만 두 사람은 모두 똑같이 대답하였습니다.

그러던 중 어머니가,

"지난해에 밥상을 새로 만들었는데 어떤 나무로 만들었느냐?"라고 물었습니다.

가짜 이 도령은 대답했지만 진짜 이 도령은 대답하지 못했습니다. 작년에 절간에서 공부하고 있었기 때문에 알 수 없었던 것입니다.

Es lebte einmal ein junger Junggeselle mit dem Nachnamen Lee. Herr Lee studierte drei Jahre lang im Tempel und kehrte dann nach Hause zurück.

Herr Lee war überrascht, als er nach Hause kam,

denn da war jemand, der genauso aussah wie er. Dieser Junggeselle behauptete auch, er sei der echte Herr Lee.

Als die beiden so stritten, kamen die Eltern von Herrn Lee heraus.

Die Eltern stellten ihnen mehrere Fragen, um herauszufinden, wer der echte Herr Lee war. Aber beide antworteten das Gleiche.

Dann fragte die Mutter:

„Ich habe letztes Jahr einen neuen Tisch gemacht. Aus was für einem Holz war es?"

Der gefälschte Mr. Lee antwortete, aber der echte Herr Lee antwortete nicht. Er konnte es nicht wissen, weil er letztes Jahr in einem Tempel lernte,

그런데 오히려, 부모님은 진짜 이 도령이
가짜라고 생각하고 쫓아냈습니다.

집에서 쫓겨난 이 도령은 어느 날,
한 스님을 만나게 되었습니다.

이 도령은 스님에게 자초지종을 설명했습니다.

스님은 그 이유를 알고 있었습니다.
그것은 바로 이 도령이 절에서 공부할 때
아무 데나 깎아 버린 손톱 때문이었습니다.

이 손톱을 주워 먹은 들쥐가
가짜 이 도령으로 변신한것이었습니다.
손톱에는 그 사람의 혼이 들어있기 때문에
마음과 모습을 훔칠 수 있었다고 말했습니다.

스님은 가짜 이 도령을 쫓아낼 수 있는 방법을
알려주었습니다. 진짜 이 도령은
스님이 준 고양이와 함께 집으로 돌아갔습니다.

진짜 이 도령은 집으로 돌아와
큰 소리로 가짜 이 도령을 불렀습니다.
그리고, 가짜 도령의 앞에 고양이를 내놓았습니다.
그러자, 고양이는 가짜 도령에게 달려들었습니다.

그러자 가짜 도령은 비명을 지르며
땅바닥에 쓰러졌습니다.
그리고 커다란 들쥐로 변했습니다.

이 도령의 부모님은 이 모습을 보고
깜짝 놀랐습니다.

그제야 진짜 이 도령과 부모님은
서로를 반길 수 있었답니다.

aber die Eltern hielten den echten Herr Lee für
einen Fake und warfen ihn raus.

Eines Tages traf Herr Lee, der aus dem Haus
geworfen wurde, einen Mönch.

Herr Lee erklärte dem Mönch die ganze
Geschichte.

. Der Mönch kannte den Grund. Das lag an Herr
Lees Fingernägeln, die er sich geschnitten und
überall hinterlassen hatte, als er im Tempel
studierte.

Die Feldmaus, die diese Nägel gefressen hat,
verwandelte sich in einen falschen Herr Lee.
Er sagte, er könne seinen Geist und sein Aussehen
stehlen, weil die Nägel die Seele der Person
enthalten.

Der Mönch sagte ihm, wie er den falschen Herr
Lee rauswerfen kann. Der echte Herr Lee ging mit
einer Katze, die ihm der Mönch geschenkt hatte,
nach Hause.

Der echte Herr Lee kehrte nach Hause zurück und
rief den falschen Herr Lee laut aus. Er stellte die
Katze vor den falschen Herr Lee. Dann stürzte sich
die Katze auf den falschen Herr Lee.

Dann schrie der falsche Herr Lee auf und fiel zu
Boden, wo er sich in eine große Feldmaus
verwandelte.

Die Eltern von Herrn Lee waren überrascht,
das zu sehen.

Erst dann konnten sich der junge Herr Lee und
seine Eltern begrüßen.

Kulturnote

Diese Geschichte enthält einen interessanten Aberglauben, an den die Koreaner glauben. Es ist ein Glaube, der besagt, dass man sich am späten Abend nicht die Nägel schneiden sollte, denn wenn man sich nachts im Dunkeln die Nägel schneidet, wird die Maus, die sie frisst, zu einem Menschen. Der gruselige Aberglaube soll entstanden sein, um zu verhindern, dass sich Kinder beim Nägelschneiden in der Nacht verletzen, wenn es keinen Strom gibt. Es ist interessant zu erfahren, wie die Koreaner in der Vergangenheit durch Aberglauben lebten.

Vokabeln

이씨 성 Nachname Lee 도령 Herr 절/절간 Tempel 공부하다 studieren 진짜 genauso 주장하다 behaupten 다투다 streiten 새로 neu 만들다 machen 알 수없 다 nich wissen 오히려 aber 쫓아내다 auswerfen 가짜 Fake 스님 Mönch 자초지종 die ganze Geschichte 아무 데나 überall 깎다 sich schneiden 버리다 hinterlassen 손톱 Fingernagel 들쥐 Feldmaus 혼 Geist 들어있다 stehlen 고양이 Katze 내놓다 stellen 달려들다 sich stürzen 비명 지르다 aufschreien 반기다 sich begrüßen

Sprichwörter

힘쓰기보다 꾀쓰기가 낫다.
(Wörtlich) Es ist besser, deinen Verstand zu benutzen, als Gewalt anzuwenden.

Es ist besser, eine Abkürzung zu nehmen als zu rennen.

Leseverständnis

Der Geschichte zufolge hatte der Junggeselle erwartet, jemanden zu sehen, der genauso aussieht wie er.

A. Richtig B. Falsch

Die Eltern des Junggesellen wussten zwar, wer der echte Sohn war, stellten aber trotzdem eine Reihe von Fragen.

A. Richtig B. Falsch

Der falsche Junggeselle konnte die Frage der Mutter beantworten, während der echte Junggeselle das nicht konnte, weil ...

A. er schlauer als der echte war. B. er die Gedanken der Mutter gelesen hatte. C. er in dem Haus lebte, während der echte Mann weg war. D. er härter lernte.

Die Eltern haben den echten Junggesellen aus dem Haus geworfen, weil ...

A. sie sein Leben retten wollten. B. er die Frage nicht beantworten konnte. C. er kein treuer Sohn war. D. sie nur einen Sohn wollten.

Die Geschichte besagt, dass der falsche Junggeselle entstand, während der echte Junggeselle in einem Tempel studierte.

A. Richtig B. Falsch

Die Katze hat sich auf den falschen Junggesellen gestürzt, weil ...

A. sie wusste, dass er ein Betrüger war. B. sie wusste, dass sie eine Maus war. C. sie Menschen hasst.

D. der Mönch es befohlen hat.

Der Geschichte zufolge konnte die Katze sehen, was die Eltern nicht sehen konnten.

A. Richtig B. Falsch

Answer : B / B / C / B / A / B / A

산신령에게 밀가루 소 백마리를 바친 농부
Der Bauer, der dem Berggeist hundert Mehlkühe opferte

옛날 어느 한 마을에 가난한 농부가
살고 있었습니다. 그 농부는 병에 걸렸지만,
돈이 없어서 약을 살 수 없었어요.

하지만 가족들을 위해서
하루라도 일을 멈출 수가 없었습니다.

그러던 어느 날 농부는 산으로 올라가
삼일 동안 간절히 기도했습니다.

삼일째 되던 날,
동굴 깊은 곳에서 목소리가 들려왔습니다.

"가련한 농부여, 너의 간절한 기도를 들었노라."

농부의 기도를 들은
산신령이 나타난 것이었습니다.

농부가 말했습니다.

"산신령님, 저의 병을 낮게 해주신다면
소 백마리를 드리겠습니다."

농부의 약속을 믿은 산신령은
농부의 병을 낮게 해주었습니다.

병이 나은 농부는 고민에 빠졌습니다.
농부는 꾀를 내었습니다.

Es war einmal ein armer Bauer, der in einem Dorf lebte. Der Bauer wurde krank, aber er konnte keine Medizin kaufen, weil er kein Geld hatte.

Aber er konnte nicht einmal für einen Tag aufhören, für seine Familie zu arbeiten.

Eines Tages ging der Bauer auf den Berg und betete drei Tage lang inständig.

Am dritten Tag kam eine Stimme aus der Tiefe der Höhle.

„Armer Bauer, ich habe dein aufrichtiges Gebet gehört.“

Ein Berggeist, der das Gebet des Bauern hörte, erschien.

Der Bauer sagte:

„Berggeist, wenn du meine Krankheit heilen kannst, gebe ich dir 100 Kühe,,

Der Berggeist, der an das Versprechen des Bauern glaubte, heilte die Krankheit des Bauern.

Der Bauer, dem es besser ging, war in Schwierigkeiten. Der Bauer dachte sich einen Trick aus.

농부는 밀가루 사용해
가짜 소 백마리를 만들었습니다.

그리고 산신령과 약속한 곳으로 갔습니다.

"약속대로 소 백마리를 바치옵니다."

하지만 산신령은 농부가
속임수를 쓰는 것을 알았어요.

화가 난 산신령은 농부에게 말했습니다.

"너의 정성에 감동하였으니
은돈 오십냥을 주겠다.
내일 아침 일찍 바닷가로 나가거라."

농부는 다음 날 아침 일찍
산신령이 이야기해 준
바닷가로 나갔습니다.

'은돈 오십냥이 어디 있을까?'
농부는 두리번거렸습니다.

하지만 바로 그때, 해적들이 나타나
농부를 배에 태운 뒤
먼 나라로 떠났습니다.

해적들은 농부를 은돈 오십냥에
노예로 팔아버렸습니다.

농부는,

'아, 내 몸값이 은돈 오십냥이었던 것이로구나'

하며 약속을 지키지 않고 거짓말한 것을
후회했습니다.

Der Bauer machte 100 falsche Kühe aus Mehl und
ging zu dem Ort,

den er mit dem Berggeist versprochen hatte.

„Ich biete 100 Kühe, wie versprochen, Berggeist.“

Aber der Berggeist fand heraus, dass der Bauer
betrogen hatte.

Der wütende Berggeist sagte zu dem Bauern,

„Ich bin gerührt von deiner Aufrichtigkeit, also gebe
ich dir 50 Nyang Silbermünzen. Geh morgen früh
an den Strand.“

Der Bauer war so glücklich, dass er am nächsten
Morgen früh an den Strand ging, wie der Berggeist
ihm sagte

„Wo sind die 50 Nyang Silbermünzen?“
Der Bauer sah sich um.

Doch in diesem Moment tauchten Piraten auf,
enterten das Boot des Bauern und fuhren in ein
fernes Land.

Die Piraten verkauften den Bauern als Sklaven für
50 Nyang Silbermünzen.

Erst dann bereute der Bauer,
dass er gelogen hatte, anstatt sein Versprechen zu
halten, und sagte:

„Oh, mein Lösegeld waren 50 Nyang
Silbermünzen.“

Kulturnote

In dieser Geschichte wird der traditionelle Schamanismus der Koreaner deutlich, in dem das Bild eines schwachen Menschen dafür bestraft wird, dass er versucht hat, den allmächtigen Berggeist zu täuschen. Es ist die Idee der Koreaner, sich der Natur anzupassen und nach der göttlichen Vorsehung zu leben. Vor allem wird betont, wie wichtig es ist, Versprechen zu halten.

Vokabeln

약 Medizin 하루라도 einmal für einen Tag 간절히 inständig 기도하다 beten
동굴 Höhle 가련한 arm 게 하다 heilen 백 Hundert 믿다 glauben
고민 Schwierigkeiten 밀가루 Mehl 바치다 bieten 속임수를 쓰다 betrügen
은돈 Silbermünzen 내일 morgen 바닷가 Strand 두리번거리다 sich umsehen
해적 Piraten 나라 Land 노예 Sklaven 팔다 verkaufen 몸값 Lösegeld

Sprichwörter

열 길 물속은 알아도 한 길 사람의 속은 모른다.
(Wörtlich) Du weißt vielleicht, was in zehn gil (koreanisches Maß, etwa die Größe eines Erwachsenen) Wasser ist, aber du weißt nicht, was in einem gil eines Mannes ist.

Das bedeutet, dass man vorsichtig sein sollte, wenn man jemandem blind vertraut, weil man den eigenen Verstand nicht von außen kennen kann.

Leseverständnis

In der Geschichte heißt es, dass der Bauer weiterarbeiten musste, obwohl er krank war, weil ...

A. er sich die Medikamente nicht leisten konnte. B. er seine Familie unterstützen musste.
C. er sterben würde, wenn er aufhört zu arbeiten. D. er eine Menge Schulden hatte.

Laut der Geschichte scheint der Bauer an übernatürliche Wesen zu glauben.

A. Richtig B. Falsch

Laut dem Berggeist wurde das Gebet des Bauern erhört, weil ...

A. er drei Tage lang gebetet hat. B. er ehrlich war.
C. sein Gebet ernsthaft war. D. er eine laute Stimme hatte.

Nach der Geschichte glaubte der Bauer, dass es sich lohnen würde, hundert Kühe zu opfern, um sein Leben zu retten.

A. Richtig B. Falsch

Der Berggeist wurde wütend, weil ...

A. er kein Mehl mag. B. er herausgefunden hat, dass der Bauer gelogen hat.
C. der Bauer weniger als hundert Kühe mitgebracht hat.
D. er mehr als hundert Kühe erwartete.

Anhand der Reaktion des Bauern können wir davon ausgehen, dass er nicht dachte, dass der Berggeist wütend war.

A. Richtig B. Falsch

Nach der Geschichte bedauerte der Bauer, dass ...

A. er nur fünfzig Silbermünzen wert war. B. er nicht stark genug war, um die Piraten zu besiegen. C. er nur fünfzig Kühe angeboten hat. D. er hat sein Versprechen nicht gehalten hat.

Answer : B / A / C / A / B / A / D

새 망태기 헌 망태기
Die neue Netztasche und die alte Netztasche

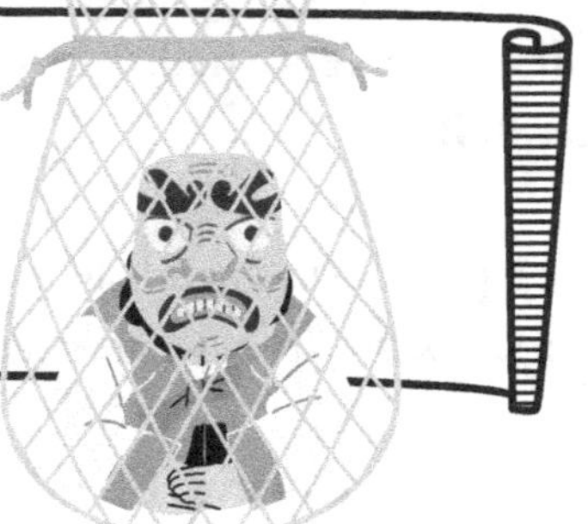

옛날 어느 마을에 형제가 살고 있었습니다.
형은 마음씨가 나빴지만,
아우는 마음씨가 아주 착했습니다.

형제의 아버지는 자신이 죽으면
형제가 재산을 나누어 가지라고 당부했습니다.

그러나 아버지가 죽고 나자
욕심 많은 형은
아우를 내쫓아버리고
재산을 혼자서 차지했습니다.

집에서 쫓겨나온 아우는
산에서 나무를 베다가
사냥꾼을 만났습니다.

사냥꾼은 아우에게 돈벌이를 함께 해보자고
했습니다. 아우는 그렇게 하기로 했습니다.

다음 날 저녁, 사냥꾼과 아우는
산속으로 들어갔습니다.

사냥꾼은 새 망태기를 나뭇가지에 매달고,
아우에게 들어가라고 했습니다.

Es waren einmal zwei Brüder, die in einem Dorf lebten. Der ältere Bruder hatte ein böses Herz, aber der jüngere Bruder war sehr gutherzig.

Der Vater der Brüder riet den Brüdern, ihren Besitz zu teilen, als er starb.

Nachdem sein Vater jedoch gestorben war, warf der gierige Bruder seinen jüngeren Bruder hinaus und übernahm den Besitz allein.

Der jüngere Bruder, der aus dem Haus geworfen wurde, traf einen Jäger, der in den Bergen Bäume fällte.

Der Jäger bat den jüngeren Bruder, gemeinsam Geld zu verdienen. Der jüngere Bruder beschloss, dies zu tun.

Am nächsten Abend gingen der Jäger und der jüngere Bruder in den Berg.

Der Jäger hängte einen neuen Netzbeutel an einen Ast und bat den jüngeren Bruder, hineinzugehen.

그리고는 주변에 날카로운 창과 칼을
거꾸로 꽂아 두었습니다.

밤이 되자 큰 호랑이 한 마리가
먹이를 찾으러 나왔습니다.

호랑이는 나무에 매달린 망태기 속에 있는
아우를 발견했어요.

그래서 망태기를 향해 뛰어올랐습니다.
하지만 창과 칼에 찔린 호랑이는 피를 흘리며
쓰러졌습니다.

아우와 사냥꾼은 호랑이 가죽을
팔아서 큰 부자가 되었습니다.

아우가 큰 부자가 되었다는 소식을 들은 형은
샘이 났습니다. 그래서 사냥꾼의 집에 찾아가서
자신과 함께 사냥하자고 졸랐습니다.

사냥꾼은 지금 가진 것은 헌 망태기뿐이라고
말했습니다. 하지만 형은 부자가 될 욕심에
눈이 멀어서, 그래도 괜찮다고 했습니다.

결국 사냥꾼은 헌 망태기를 나뭇가지에 매달았고,
형은 그 안에 들어가서 호랑이를 기다렸습니다.

밤이 되자 호랑이가 망태기를 보고
뛰어올랐습니다. 그런데 그때, 헌 망태기 끈이
끊어졌습니다.

욕심 많은 형은 호랑이 밥이 되었습니다.

Dann pflanzte er scharfe Speere und Schwerter
kopfüber um sie herum.

Nachts kam ein großer Tiger heraus, um Futter zu
finden.

Der Tiger fand den jüngeren Bruder in dem
Netzbeutel, der an einem Baum hing.

Also sprang er auf den Netzbeutel zu. Doch der
Tiger, der mit einem Speer und einem Messer
erstochen wurde, fiel blutend zu Boden.

Der jüngere Bruder und der Jäger wurden durch den
Verkauf des Tigerfells reich.

Als der ältere Bruder hörte, dass sein jüngerer Bruder
reich wurde, war er neidisch auf ihn. Also ging er
zum Haus des Jägers und bat ihn, mit ihm zu jagen.

Der Jäger sagte, dass er nur noch einen alten
Netzbeutel hat. Aber der ältere Bruder war geblendet
von dem Wunsch, reich zu sein, also sagte er, es sei
in Ordnung.

Schließlich hängte der Jäger einen alten Netzbeutel
an einen Ast, und der ältere Bruder ging hinein und
wartete auf den Tiger.

In der Nacht sprang der Tiger auf, als er den
Netzbeutel sah. Doch in diesem Moment riss die
Schnur des alten Netzbeutels.

Der gierige ältere Bruder wurde eine Mahlzeit für
den Tiger.

Kulturnote

In dieser Geschichte, die im traditionellen Korea, einer väterlichen Gesellschaft, spielt, wird der älteste Sohn als egoistisch dargestellt, obwohl er den ganzen Reichtum seiner Eltern geerbt hat. Im Gegenteil: Ein Bruder, der hart arbeitet, ohne sich zu beschweren, wird als guter Charakter dargestellt. Hier erscheint ein Tiger, den die Koreaner für eine mystische Kreatur halten, um den bösen Charakter zu bestrafen. Durch diese Dynamik kannst du lernen, wie wichtig es ist, zu teilen, Witz zu haben und einander zu lieben, ohne übermäßig gierig zu sein.

Vokabeln

아버지 Vater 죽다 sterben 재산 Besitz 당부하다 raten 차지하다 übernehmen
사냥꾼 Jäger 돈벌이 Geld verdienen 새 neu 망태기 Netzbeutel
매달다 anhängen 주변 um...herum 날카로운 scharf 창 Speer 칼 Schwert
거꾸로 kopfüber 꽂아두다 pflanzen 먹이 Futter 뛰어오르다 springen
피를 흘리며 blutend 가죽 Fells 샘이 나다 neidisch sein 조르다 beten 헌 alt
눈이 멀다 gelendet sein 끈 Schnur 끊어지다 reißen

Sprichwörter

허욕에 들뜨면 한 치 앞도 못 본다.
(Wörtlich) Wenn du von Eitelkeit erregt bist, kannst du keinen Zentimeter weit sehen.

Das bedeutet, dass du nicht in der Lage bist, ein rationales Urteil zu fällen, wenn du von eitler Gier erregt bist.

Leseverständnis

Der Geschichte zufolge hat der ältere Bruder den Willen des Vaters respektiert.

A. Richtig B. Falsch

Der ältere Bruder nahm das gesamte Erbe des verstorbenen Vaters an, weil er ...

A. heimlich dazu aufgefordert wurde. B. du eine Menge Geld brauchst. C. gierig war. D. besorgt um seinen jüngeren Bruder war.

Anhand der Geschichte können wir davon ausgehen, dass der jüngere Bruder und der Jäger beide Geld brauchten.

A. Richtig B. Falsch

Der jüngere Bruder stimmte zu, in den Netzbeutel zu gehen, obwohl er das nicht wollte.

A. Richtig B. Falsch

Der Geschichte zufolge sprang der Tiger auf den Netzbeutel, obwohl er wusste, dass darin Speere und Messer waren.

A. Richtig B. Falsch

Der Geschichte nach hielt der Jäger das Versprechen, das er dem jüngeren Bruder gegeben hatte, nicht ein.

A. Richtig B. Falsch

Der Geschichte zufolge riss der Netzbeutel, in dem der ältere Bruder steckte, weil ...

A. der Tiger ihn gebissen hat. B. er alt war. C. der Ast nicht stark genug war. D. der Jäger es nicht gut verschnürt hat.

Answer : B / C / A / B / B / B / B

삼 년 고개
Der Drei-Jahres-Hügel

아주 먼 옛날, 어느 마을에는
한 번 넘어지면 삼 년밖에 못 산다는
전설이 있는 고개가 있었어요.

사람들은 이 고개를 '삼 년 고개'라고 부르며
고개를 지날 때마다 넘어지지 않게 조심했어요.

심지어 거북이처럼 기어가는 사람도 있었어요.

그러던 어느 날, 머리가 하얀 할아버지가
삼 년 고개를 조심스럽게 넘고 있었어요.

그런데 수풀에서 토끼가 튀어나왔어요.
깜짝 놀란 할아버지는 뒤로 넘어졌어요.

"아이고 삼 년밖에 못 살겠구나..."
할아버지는 슬프게 울었어요.

어느덧 삼 년째가 되었어요.
할아버지는 살날이 며칠 남지 않았다는 생각에
걱정이 가득했어요.

마을에서 가장 용하다는 의원이 찾아왔어요.
하지만 무슨 병인지 전혀 몰라서
고칠 수 없었어요.

Vor langer Zeit gab es in einem Dorf einen Hügel mit einer Legende, die besagt, dass man nur drei Jahre leben kann, wenn man von dem Hügel herunterfällt.

Die Menschen nannten diesen Hügel den „Drei-Jahres-Hügel,, und waren jedes Mal vorsichtig, um nicht zu stürzen, wenn sie ihn passierten.

Es gab sogar Leute, die wie Schildkröten gekrochen sind.

Eines Tages überquerte ein Großvater mit weißen Haaren vorsichtig den Drei-Jahres-Hügel.

Aber ein Kaninchen sprang aus dem Gebüsch. Der überraschte Großvater fiel nach hinten.

„Oh, ich kann nur drei Jahre lang leben...“ Der Großvater weinte traurig.

Im dritten Jahr war der Großvater besorgt, dass er nur noch wenige Tage zu leben hatte.

Die fähigsten Ärzte des Dorfes besuchten ihn, aber sie konnten ihn nicht heilen, weil sie keine Ahnung hatten, um welche Art von Krankheit es sich handelte.

다음 날, 어린 손자가 할아버지를 찾아왔어요.

"할아버지, 어쩌다 병이 나신 거예요?"
라고 물었어요.

"삼 년 고개에서 넘어졌단다.
살날이 얼마 남지 않아서
몸에 힘이 하나도 없구나"

"할아버지, 한 번 넘어지면 삼 년이니까,
두 번 넘어지면 육 년,
세 번 넘어지면 구 년을 사실 거예요!"

"그렇지!"

할아버지는 곧장 삼 년 고개로 달려갔어요.

그러고는 일부러 계속 넘어지기 시작했어요.

"넘어질수록 오래 사니까, 계속 굴러보자!"

할아버지는 계속해서 넘어졌습니다.

더 이상 걱정이 없어진 할아버지는,
그 후로도 오래오래 건강하게 살았어요.

그리고 마을 사람들도 그 소식을 듣고
모두 삼 년 고개에서 넘어졌어요.

그때부터 '삼 년 고개'는 '장수 고개'가 되었어요.

Am nächsten Tag besuchte ein junger Enkelsohn
seinen Großvater.

Er fragte: „Opa, wie bist du krank geworden?"

„Ich bin am Drei-Jahres-Hügel gestürzt. Ich
habe nicht mehr viel Zeit zu leben, also habe ich
keine Kraft mehr in meinem Körper."

„Opa, es sind 3 Jahre, wenn du einmal hinfällst,
also 6 Jahre, wenn du zweimal hinfällst, und 9
Jahre, wenn du dreimal hinfällst!"

„Richtig!

Großvater lief direkt zum Drei-Jahres-Hügel.

Dann fiel er immer wieder absichtlich hin.

„Je mehr du fällst, desto länger lebst du. Lass
uns weitermachen!"

Der Großvater ist immer wieder umgefallen.

Der Großvater, der keine Sorgen mehr hatte,
lebte danach noch lange Zeit gesund.

Und als die Dorfbewohner die Nachricht hörten,
fielen sie alle vom Drei-Jahres-Hügel herunter.

Seitdem ist aus dem Drei-Jahres-Hügel der
Langlebigkeits-Berg geworden.

Kulturnote

Wie der witzige Enkel, der die Krankheit seines Großvaters heilte, ist die Lektion dieser Geschichte, dass es wichtig ist, positiv zu denken, denn wenn du deine Gedanken auch nur für einen Moment positiv änderst, erscheint dir das, wovor du einmal Angst hattest, nicht mehr als große Sache.

Vokabeln

전설 Legende 고개 Hügel 부르다 nennen 조심하다 vorsichtig sein 거북이 Schildkröte 기어가다 kriechen 하얀 weiß 수풀 Gebüsch 넘어지다 fallen 어느덧 schon 고치다 heilen 어린 Junge 손자 Enkelsohn 힘 Kraft 오래 länger 더 이상 nicht mehr 그때부터 seitdem

Sprichwörter

긁어 부스럼 만든다
(Wörtlich) Etwas in ein Geschwür kratzen.

Es bedeutet, dass du eine Situation schlimmer machst, als sie ist, indem du etwas tust, was du nicht hättest tun müssen.

Leseverständnis

Der Geschichte zufolge glaubten die Menschen, dass die Legende wissenschaftlich bewiesen sei.

A. Richtig B. Falsch

Manche Leute krochen wie eine Schildkröte, um sicherzugehen, dass sie ...

A. nicht zu schnell gehen. B. den Berggeist nicht verärgern. C. nicht fallen.
D. Respekt vor dem Geist der Schildkröte zeigen.

Anhand der Geschichte können wir vermuten, dass der Großvater Angst vor dem Kaninchen hatte.

A. Richtig B. Falsch

Was war der wahrscheinlichste Grund dafür, dass der Arzt nicht sagen konnte, was das Problem war?

A. Der Großvater wollte nicht sagen, was passiert ist.
B. Der Großvater lehnte die Behandlung ab.
C. Der Arzt hat nicht die nötigen Werkzeuge mitgebracht.
D. Die Symptome waren für den Arzt nicht sichtbar.

Der Geschichte zufolge wusste der Enkel, wie er die Krankheit seines Großvaters heilen konnte, weil er selbst schon einmal die gleiche Krankheit hatte.

A. Richtig B. Falsch

Der Enkel schlug seinem Großvater vor, weiter zu fallen, um sich über ihn lustig zu machen.

A. Richtig B. Falsch

Die wahrscheinlichste Ursache für die Krankheit ist ...

A. Stress B. Gier C. Schuldgefühle D. Unterernährung

Answer : B / C / B / D / B / B / A

옹고집전
Die Geschichte von Herr Sturkopf

옛날 한양에 옹고집이라 불리우는 사람이 살고 있었습니다. 옹고집은 재물이 많아서 큰 집에 살았습니다.

Vor langer Zeit lebte in Hanyang eine Person namens Herr Sturkopf. Herr Sturkopf lebte in einem großen Haus, weil er sehr reich war.

그럼에도 불구하고 옹고집은 불쌍한 사람을 도와본 적이 한 번도 없었습니다.

Trotzdem hat Herr Sturkopf nie armen Menschen geholfen.

그러던 어느 날 옹고집의 집에 스님이 찾아왔습니다. 스님은 대문 앞에서 염불을 외우면서 시주를 부탁했습니다. 그러자 하인이 나와서,

Eines Tages kam ein Mönch in das Haus von Herrn Sturkopf. Der Mönch bat um eine Opfergabe, während er vor dem Tor das buddhistische Gebet rezitierte. Dann kam ein Diener heraus.

"우리 주인께서 알면 큰일 납니다. 어서 돌아가십시오" 하고 말했습니다.

„Du würdest in Schwierigkeiten geraten, wenn mein Meister das wüsste. Geh jetzt zurück", sagte er.

스님은,

"좋은 일을 하면 좋은 일이 찾아오고 나쁜 일을 하면 나쁜 일이 찾아옵니다" 하며 계속 목탁을 두드렸습니다.

Der Mönch schlug weiter auf die Holzglocke und sagte: „Wenn du Gutes tust, wird Gutes kommen, und wenn du Schlechtes tust, wird Schlechtes kommen."

이 대화를 들은 옹고집이 대문을 열고 나왔습니다. 그리고 스님에게 소리쳤습니다.

Als er dieses Gespräch hörte, öffnete Herr Sturkopf das Tor und kam heraus. Er schrie den Mönch an,

그리고 하인을 시켜 스님을 몽둥이로 때리게 했습니다. 그리고는 스님을 외양간에 가두었습니다.

Und er ließ einen Diener mit einer Keule auf den Mönch einschlagen. Dann sperrte er den Mönch in eine Scheune.

그날 밤이 되어서야 옹고집은
스님을 풀어주었습니다.
절로 돌아간 스님은
이상한 부적을 써서 자신의 몸에 붙였습니다.

그러자 스님이 옹고집의 모습으로 변했습니다.
옹고집이 산책을 떠난 사이,
스님은 옹고집의 집으로 가서
옹고집 행세를 하였습니다.

산책을 갔다가 돌아온 옹고집은
집에 들어서며 소리쳤습니다.

"누가 내 집에서 시끄럽게 구느냐!"

그러자 옹고집으로 변신한 스님이

"당신은 누군데 함부로 내 집에 들어와
큰소리를 치는가?" 하고 소리쳤습니다.

하인들과 옹고집의 가족들은
누가 진짜 옹고집인지 도저히 알 수 없었습니다.
그래서 원님을 찾아갔습니다.
원님은 고민 끝에,
진짜 옹고집이 가짜라고 생각했습니다.

결국, 진짜 옹고집은 자신의 집에서 쫓겨나
떠돌이가 되어 구걸하며 살았습니다.
진짜 옹고집은 진심으로 자신의
이기심을 뉘우쳤습니다.

그리고 불쌍한 사람들을 도우며 살았습니다.
이 소식을 들은 스님은 다시 절로 돌아갔고,
진짜 옹고집은 집으로 돌아올 수 있었습니다.

Erst in dieser Nacht ließ Herr Sturkopf den
Mönch frei. Der Mönch, der zum Tempel
zurückkehrte, schrieb einen seltsamen
Talisman und befestigte ihn an seinem Körper.

Dann verwandelte sich der Mönch in Herr
Sturkopf. Während Herr Sturkopf spazieren
ging, ging der Mönch zu Herrn Sturkopfs
Haus und gab sich als Herr Sturkopf aus.

Herr Sturkopf, der von einem Spaziergang
zurückkam, rief, als er das Haus betrat:

„Wer macht Lärm in meinem Haus?"

Da rief der Mönch, der sich in Herr Sturkopf
verwandelte:

„Wer bist du, dass du ohne Erlaubnis in mein
Haus kommst und laut schreist?"

Die Bediensteten und ihre Familien konnten
nicht sagen, wer der echte Herr Sturkopf war.
Also gingen sie zum Magistrat. Nach
reiflicher Überlegung kam der Magistrat zu
dem Schluss, dass der echte Herr Sturkopf
eine Fälschung war.

Schließlich wurde der echte Herr Sturkopf aus
seinem Haus geworfen und lebte als Wanderer
und Bettler. Der echte Herr Sturkopf
bedauerte seinen Egoismus aufrichtig

und lebte davon, armen Menschen zu helfen.
Als der Mönch diese Nachricht hörte, ging er
zurück zum Tempel und der echte Herr
Sturkopf konnte nach Hause zurückkehren.

Kulturnote

In der Vergangenheit war Korea ein Land, das den Buddhismus zusammen mit dem Schamanismus verehrte. Aber in dieser Geschichte zeigt Herr Sturkopf die weltliche Gier und den Egoismus, die wir im Buddhismus vermeiden sollen. Der Mönch, der hier auftaucht, fungiert als Gewissensspiegel, damit Herr Sturkopf seine Fehler bereuen kann, genau wie der alte Scrooge im Roman A Christmas Carol. Es gibt nur einen Weg, den Fluch zu lösen, nämlich den armen Menschen zu helfen.

Vokabeln

옹고집 Sturkopf 대문 Tor 염불 buddhistisches Gebet 시주 Opfergabe
하인 Diener 큰일 나다 in Schwierigkeiten geraten 일 Schwierigkeiten
목탁 Holzglocke 대화 Gespräch 부적 Teilsman 붙이다 befestigen
산책하다 spazieren gehen 행세를 하다 sich ausgeben als 함부로 ohne
Erlaubnis 도저히 nicht 떠돌이 Wanderer 구걸하다 betteln 진심으로 aufrichtig
이기심 Egoismus 소식 Nachricht

Sprichwörter

찔러도 피 한방울 안 나온다.
(Wörtlich) Nicht ein Tropfen Blut wird herauskommen, selbst wenn er durchbohrt wird.

Ein bildlicher Ausdruck für jemanden, der sehr grausam oder herzlos ist.

Leseverständnis

In der Geschichte heißt es, dass Herr Sturkopf den armen Leuten nicht helfen konnte, weil er nicht genug Geld hatte.

A. Richtig B. Falsch

Der Geschichte nach besuchte der Mönch das Haus von Herr Sturkopf, um ihn zu bitten, sich zu bekehren.

A. Richtig B. Falsch

Der Knecht wusste, dass sein Herr sich aufregen würde, weil..

A. er keine Mönche mag. B. er es nicht mag, zu teilen.
C. er kein Geld hat. D. er dem Diener nicht traut.

Der Geschichte zufolge glaubte Herr Sturkopf an die Lehren Buddhas.

A. Richtig B. Falsch

Der Geschichte nach legte der Mönch einen seltsamen Talisman auf seinen Körper, um die Wunden von den Schlägen zu heilen.

A. Richtig B. Falsch

Nachdem er sich in Herr Sturkopf verwandelt hatte, stahl der Mönch Herr Sturkopfs Habseligkeiten.

A. Richtig B. Falsch

Der echte Herr Sturkopf konnte zurück in sein Haus gehen, weil ...

A. er dem Mönch eine große Spende gemacht hat.
B. er anderen Menschen geholfen hat. C. der Richter es so angeordnet hat.
D. der Mönch gestorben ist.

Answer : B / B / B / B / B / B / B

큰 바위 재판
Der Prozess um den großen Felsen

옛날에 비단 장수가 있었어요.
어느 날, 그는 비단을 짊어지고 시골길을
걸어가고 있었어요.

Es war einmal ein Seidenverkäufer. Eines Tages ging er auf einer Landstraße und trug Seide.

비단 장수는 지쳐서
큰 바위 앞에서 잠깐 쉬었어요.
그러다가 깜빡 잠들었어요.

Der Seidenverkäufer war müde und ruhte sich eine Weile vor einem großen Felsen aus. Und dann schlief er ein.

하지만 잠에서 깨어보니 비단 짐이 사라졌어요.

Aber als er aufwachte, war das Seidengepäck verschwunden.

"아이고, 내 비단이 다 어디 간 거야!
나는 이제 망했구나!'

„Oh mein Gott! Wo ist meine ganze Seide? Ich bin jetzt verdammt!"

비단 장수는 마을 원님을 찾아가
하소연 하였습니다.
원님은 지혜롭기로 유명했어요.
원님은 비단 장수 말을 듣고 한참을 생각했어요.
그리고 말했어요.

Der Seidenverkäufer besuchte den Dorfmagistrat und beschwerte sich. Der Magistrat war dafür bekannt, weise zu sein. Der Magistrat hörte dem Seidenverkäufer zu und dachte lange nach. Er sagte,

"주변에 아무도 그 사건을 본 사람이 없으니
큰 바위를 추궁하면 범인을 알 수 있을 것이다!
어서 그 큰 바위를 여기로 데려 오너라!"

„Niemand in deiner Umgebung hat den Vorfall gesehen. Wenn ich also den großen Felsen verhöre, werden wir den Schuldigen kennen! Beeil dich und bring den großen Stein her!"

큰 바위를 재판한다는 소문은
금세 마을 전역에 퍼졌어요.

Gerüchte über das Richten eines großen Felsens verbreiteten sich schnell im Dorf.

재판 당일 구경꾼들이 몰려들기 시작했어요.

Am Tag der Verhandlung strömten die Zuschauer in Scharen herbei.

원님은 문지기에게 명령하여
옷을 잘 입은 사람들만 들여보내라고
일러 놓았어요.
드디어 큰 바위 재판이 시작되었어요.

"큰 바위 네 이놈!
범인이 누군지 바른대로 말하거라!"

원님은 큰 바위에 호통을 쳤지만
큰 바위는 아무 말도 없었습니다.

구경꾼들은 모두 웃었어요. 원님은,

"감히 재판하는데 웃다니!
웃은 사람들을 모두 옥에 가두어라"
라고 명령했어요.

옥에 갇힌 사람들은 원님에게
용서해 달라고 애원했어요.
원님은 비단을 바치면 풀어주겠다고 말했습니다.

옥에 갇힌 사람들은 비단을 사서
원님에게 바쳤어요.

그 비단은 비단 장수가 잃어버린 비단과
똑같은 것이었어요!

원님이 누구에게서 비단을 샀는지 묻자 모두가
옆 마을 비단 장수에게서 샀다고 말했어요.

원님은 당장 그 비단 장수를 잡아 오라고
명령했어요. 이렇게 해서 비단 장수는
잃어버린 비단을 모두 찾을 수 있었어요.

Der Richter wies den Pförtner an, nur gut gekleidete Leute hereinzulassen. Endlich begann der große Rockprozess.

„Big Rock, du Punk! Sag uns, wer der Übeltäter ist!"

Der Magistrat schrie den großen Felsen an, aber der große Felsen sagte nichts.

Alle Zuschauer haben gelacht.
Der Richter sagte:

„Wie kannst du es wagen, während einer Verhandlung zu lachen? Behalte alle Leute, die gelacht haben, im Gefängnis", befahl er.

Menschen, die im Gefängnis eingesperrt waren, flehten den Richter an, ihnen zu vergeben. Der Richter sagte, er würde sie freilassen, wenn sie Seide anbieten würden.

Menschen, die im Gefängnis eingesperrt waren, kauften ihre Seide und boten sie dem Magistrat an.

Die Seide war genau wie die Seide, die der Seidenverkäufer verloren hatte!

Als der Richter fragte, von wem sie die Seide gekauft hatten, sagten alle, sie hätten sie von einem Seidenhändler im nächsten Dorf gekauft.

Der Richter ordnete an, den Seidenverkäufer sofort zu fassen. Auf diese Weise konnte der Seidenverkäufer die ganze verlorene Seide wiederfinden.

Kulturnote

Dank des weisen Richters konnten sie den Verbrecher fangen, der die Seide gestohlen hatte. Die Szene mit dem Gespräch mit einem großen Felsen ist lächerlich, aber hier zeigt sich die Weisheit des Magistrats. Die Moral der Geschichte ist, dass diejenigen, die ein Verbrechen begehen, irgendwann bestraft werden, auch wenn niemand zusieht.

Vokabeln

비단 Seiden 장수 Verkäufer 짊어지다 tragen 시골길 Landstraße 바위 Felsen 깜빡 잠들다 einschlafen 짐 Gepäck 망하다 verdammt sein 하소연 sich beschweren 사건 Vorfall 추궁하다 verhören 범인 der Schuldige 재판 Richten 구경꾼 Zuschauer 문지기 Pförtner 일러 놓다 anweisen 드디어 endlich 놈 du punk 바른대로 korrekt 호통치다 anschreien 옥 Gefängnis 애원하다 flehen

Sprichwörter

물이 깊어야 물고기가 모인다.
(Wörtlich) Fische sammeln sich nur, wenn das Wasser tief ist.

Es bedeutet, dass andere nur folgen werden, wenn es große Tugend gibt.

Leseverständnis

Es heißt, der Seidenverkäufer hatte nicht vor, ein Nickerchen zu machen, sondern schlief ein.

A. Richtig B. Falsch

Die Geschichte besagt, dass die Seide gestohlen wurde, als er wach war.

A. Richtig B. Falsch

Der Seidenverkäufer konnte den Dieb nicht bemerken, weil der große Felsen ihm die Sicht versperrte.

A. Richtig B. Falsch

Der Seidenverkäufer beschloss, den Magistrat aufzusuchen, weil ...

A. der Magistrat der Besitzer des großen Felsens ist.
B. der Seidenverkäufer mit dem Magistrat befreundet war.
C. der Magistrat weise war.
D. der Seidenverkäufer erschöpft war.

Der Geschichte nach dachten die Zuschauer bei der Verhandlung, dass der Richter ... war.

A. klug B. dumm C. glücklich D. hungrig

Der Magistrat hat die Zuschauer ins Gefängnis gesteckt, weil sie ...

A. laut waren. B. während einer Verhandlung gelacht haben. C. nicht gezahlt haben.
D. zu spät gekommen sind.

Hat der Richter aufgrund der Geschichte geglaubt, dass der Stein sprechen kann?

A. Ja B. Nein

Answer : A / B / B / C / B / B / B

부엉이를 잡은 젊은이
Der junge Mann, der eine Eule gefangen hat

옛날 옛적, 어느 부자집에
아주 이상한 일이 생겼어요.

그 집 뒷마당에는 큰 사과나무가 있었어요.
그런데 그 나무에 검은 부엉이가 날아와 울면,
그 집 식구 중 한 명이 죽었어요.

부자는 식구를 모두 잃을까 걱정했어요.
그래서 종이에 크게 써서 모두가 볼 수 있게
집 담벼락에 붙였어요.

'검은 부엉이를 잡아주는 총각에게 내 딸을 주고
내 재산의 반을 주겠다.'

많은 총각들이 이 것을 보고
부엉이를 잡으려고 했어요.
하지만 아무도 성공하지 못했어요.

그러던 어느 날 어린 총각이
벽에 붙은 글을 보게 되었어요.

어린 총각은 활을 쏴 본 적이 없었어요,
하지만 누구보다 현명했어요.

어린 총각은 좋은 방법을 생각해 냈어요.
그리고 자신만만하게 대문을 두드렸어요.

"저에게 부엉이를 잡을 좋은 방법이 있습니다."

부자는 어린 총각을 집 안으로 맞이했어요.

Es war einmal eine sehr seltsame Sache, die einer
reichen Familie passierte.

Im Hinterhof des Hauses stand ein großer
Apfelbaum. Aber als eine schwarze Eule in den
Baum flog und schrie, starb eines der
Familienmitglieder.

Der reiche Mann war besorgt, alle seine
Familienmitglieder zu verlieren. Also schrieb er
groß auf Papier und klebte es an die Hauswand,
damit es jeder sehen konnte.

„Ich werde meine Tochter und die Hälfte meines
Vermögens dem Junggesellen geben, der die
schwarze Eule fängt."

Viele Junggesellen sahen das und versuchten, die
Eule zu fangen. Aber das ist niemandem
gelungen. Dann sah eines Tages ein junger
Junggeselle die Nachricht an der Wand.

Der junge Junggeselle hatte noch nie einen Bogen
geschossen, aber er war klüger als alle anderen.

Der junge Junggeselle hatte eine gute Idee. Er
klopfte selbstbewusst an das Tor.

„Ich habe eine gute Methode, um eine Eule zu
fangen."

Der reiche Mann begrüßte den jungen
Junggesellen und lud ihn in sein Haus ein.

그런데 활을 가져오지 않고
빈 손으로 온 것을 보고
이상하게 생각했어요.

어린 총각은 당당하게 말했어요.

"부엉이를 잡는 것은 활이 필요 없는
아주 간단한 일입니다."

부자는 어린 총각을 한 번
믿어보기로 했어요.

어린 총각은 늦은 밤까지 기다렸어요.
모두가 잠든 밤, 어린 총각은 사과나무에
조심스럽게 올라갔어요.
나무 위에서 한참을 가만히 기다렸어요.

얼마 후, 멀리서 부엉이가 사과나무를 향해
날아왔어요! 어린 총각은 부엉이가
나무에 앉기를 기다렸어요.
그리고 부엉이의 다리를 꽉 잡았어요.

어린 총각은 나무에서 내려와
큰소리로 외쳤어요.

"부엉이를 잡았습니다!"

부자는 마당으로 뛰어나와서
어린 총각의 손에 잡힌 부엉이를 보았어요.

"고맙네! 자네는 내 사위일세!"

활을 쏘지 못하는 어린 총각은 머리를 써서
결혼도 하고, 부자가 되어서 행복하게 살았어요.

Aber er fand es seltsam, dass er mit leeren Händen kam, ohne einen Bogen mitzubringen.

Sagte der junge Junggeselle stolz.

„Eine Eule zu fangen ist eine sehr einfache Aufgabe, für die man keinen Bogen braucht.“

Der reiche Mann beschloss, dem jungen Junggesellen zu vertrauen.

Der junge Junggeselle wartete bis spät in die Nacht. In dieser Nacht, als alle schliefen, kletterte der junge Junggeselle vorsichtig auf den Apfelbaum. Er wartete eine lange Zeit auf dem Baum.

Kurz darauf flog eine Eule von weitem auf den Apfelbaum zu! Der Junggeselle wartete darauf, dass die Eule sich auf den Baum setzte. Er packte das Bein der Eule ganz fest.

Der junge Junggeselle kam vom Baum herunter und rief laut.

„Ich habe die Eule gefangen!“

Der reiche Mann eilte auf den Hof und sah die Eule in der Hand des jungen Junggesellen.

„Vielen Dank! Du bist jetzt mein Schwiegersohn!“

Der junge Junggeselle, der nicht mit dem Bogen schießen konnte, nutzte seinen Verstand, um zu heiraten und lebte als reicher Mann glücklich und zufrieden.

Kulturnote

Um Weisheit zu üben, ist es am wichtigsten, anders zu denken als andere Menschen, so wie es der junge Junggeselle tat. Auch wenn es in den Augen anderer Menschen manchmal seltsam erscheinen mag, wird es meistens zu guten Ergebnissen führen.

Vokabeln

사과나무 Apfelbaum 검은 schwarz 부엉이 Eule 종이 Papier 담벼락 Hauswand 반 Hälfte 성공하다 gelingen 글 Nachricht 쏘다 schießen 현명하다 klug 자신만만 selbstbewusst 두드리다 klopfen 맞이하다 begrüßen 빈 leer 손 Hand 당당하게 stolz 간단한 einfach 가만히 ruhig 꽉 fest 자네 Du

Sprichwörter

사람이 많으면 길이 열린다.
(Wörtlich) Wenn es viele Menschen gibt, öffnet sich eine Straße.

Wenn du die Weisheit und Stärke der Menschen kombinierst,
kannst du einen Weg finden, alles zu tun.

Leseverständnis

Der Geschichte zufolge starben die Menschen wegen des Apfelbaums.

A. Richtig B. Falsch

Der Geschichte zufolge sorgte der reiche Mann für seine Familie.

A. Richtig B. Falsch

Der Geschichte nach war die Tochter des reichen Mannes nicht verheiratet.

A. Richtig B. Falsch

Der junge Junggeselle war schlau, denn er hatte noch nie mit einem Bogen geschossen.

A. Richtig B. Falsch

Nach der Geschichte versuchten alle anderen Junggesellen, die Eule mit einem Bogen zu fangen.

A. Richtig B. Falsch

Der alte Mann beschloss, dem jungen Junggesellen zu vertrauen, weil er ... ist.

A. reich B. gut aussehend C. selbstbewusst D. logisch

Der Geschichte nach wusste der junge Junggeselle, wie man auf einen Baum klettert.

A. Richtig B. Falsch

Answer : B / A / A / B / A / C / A

호랑이가 준 보자기
Das Wickeltuch, das der Tiger gab

옛날 옛적, 가난한 총각이
산 속에 혼자 살고 있었습니다.

Es war einmal ein armer Junggeselle, der allein
in den Bergen lebte.

가난한 총각은 허름한 오두막집에서
살았습니다. 그는 너무나 가난해서,
변소조차 없었습니다.

Der arme Junggeselle lebte in einer schäbigen
Hütte. Er war so arm, dass er nicht einmal eine
Toilette hatte.

그래서 추운 겨울이 되면
그냥 뒷문을 열고 산에 오줌을 누었습니다.

Also öffnete er im kalten Winter einfach die
Hintertür und pinkelte in den Berg.

어느 날, 산신령이 그 모습을 보고
크게 노하였습니다.

Eines Tages war der Berggeist sehr wütend, als
er das sah.

그래서 산에 사는 호랑이를 불러서
총각을 혼내주라고 명령했습니다.

Also rief er einen Tiger, der in den Bergen
lebte, und befahl ihm, den Junggesellen zu
schelten.

호랑이는 어두운 밤에 총각의 집으로
몰래 내려왔습니다.

Der Tiger schlich sich in einer dunklen Nacht
zum Haus des Junggesellen hinunter.

그리고 변소 뒤에서
총각이 나오기를 기다렸습니다.

Er wartete hinter der Toilette, bis der
Junggeselle herauskam.

아니나 다를까, 그날도,
총각은 산에 오줌을 누었습니다.

Natürlich hat der Junggeselle auch an diesem
Tag in den Berg gepinkelt.

호랑이가 달려가 총각을 혼내주려 했지만,
총각이 중얼거리는 소리를 들었습니다.

"아유, 추워. 나는 집이 있어서 괜찮지만,
집도 없이 산에 사는 호랑이는 얼마나 추울까?"

총각의 말을 듣게 된 호랑이는
차마 총각을 해칠 수 없었습니다.

호랑이는 마음을 바꾸어 산신령에게
자초지종을 말했습니다.

산신령도 총각의 마음에 감탄 했습니다.
호랑이는 산신령에게 부탁했습니다.

"그 총각이 조금 무례하긴 하지만
마음씨는 무척 착한 것 같습니다.
하지만 너무 가난한 것 같은데
총각을 좀 도와주었으면 좋겠습니다."

산신령은 호랑이에게 총각에게 갖다주라며
보자기 하나를 주었습니다.

호랑이는 총각이
자신을 겁낼 것을 걱정했습니다.

그래서 총각이 지나다니는 길목에
보자기를 슬쩍 내려두었습니다.

이튿날, 총각이 일하러 가던 길에
보자기를 발견하고 주워가기로 했습니다.

'이 보자기를 어디에 쓸까?'

Der Tiger rannte und wollte den Junggesellen
ausschimpfen, aber er hörte den Junggesellen
murmeln,

„Oh, es ist kalt. Mir geht es gut, weil ich ein Haus
habe, aber wie kalt wäre es für einen Tiger, der in
einem Berg lebt und nicht einmal ein Haus hat?"

Der Tiger, der den Junggesellen hörte, konnte dem
Junggesellen nichts anhaben.

Der Tiger änderte seine Meinung und erzählte dem
Berggeist die ganze Geschichte.

Der Berggeist bewunderte auch das Herz des
Junggesellen. Der Tiger fragte den Berggeist,

„Der Junggeselle ist ein bisschen unhöflich, aber
er scheint ein sehr nettes Herz zu haben. Aber ich
glaube, er ist zu arm, also hoffe ich, dass du dem
Junggesellen helfen kannst."

Der Berggeist gab dem Tiger ein Wickeltuch, das
er zu dem Junggesellen bringen sollte.

Der Tiger war besorgt, dass der Junggeselle Angst
vor ihm haben könnte.

Also legte er das Wickeltuch auf den Weg, an dem
der Junggeselle vorbeikam.

Am nächsten Tag fand der Junggeselle auf dem
Weg zur Arbeit ein Wickeltuch und beschloss, es
abzuholen.

Wo soll ich dieses Tuch verwenden?

생각하던 총각은 날씨가 추워서
보자기를 머리에 둘렀습니다.

보자기를 두르고 길을 가는데
정말 이상한 일이 일어났습니다.

어디선가 말소리가 들렸습니다.
귀를 기울이니 나무 위의 참새가
사람처럼 말을 하고 있었습니다!

그 보자기가 바로
요술보자기 였던 것이었습니다.

놀란 총각은 가만히
참새의 말에 귀를 기울였습니다.

"얘들아, 옆 마을 부자 영감 딸이
병에 걸려 죽어간데. 그 집 지붕에에 사는
천년 먹은 지네 때문에 그런 건데
사람들은 전혀 모른데."

"그러게. 지붕을 들어내고 지네를 죽이면
딸의 병도 나을 텐데…"

그 말을 들은 총각은 당장 지게를 벗어 던지고
부자 영감의 집으로 향했습니다.

"내가 이 집 딸을 살려줄 테니
큰 사다리 하나와 담배,
그리고 부싯돌을 갖다주십시오."

부자 영감은 당장 총각이 말한 것들을
가져다주었습니다.

Der Junggeselle, der nachdachte, legte es sich um
den Kopf, weil das Wetter kalt war.

Als er mit dem Wickeltuch auf der Straße lief,
passierte etwas sehr Merkwürdiges.

Von irgendwoher hörte er ein Geräusch von
Sprache. Wenn ich genau hinhörte, war es der
Spatz auf dem Baum, der wie ein Mensch sprach!

Das Wickeltuch war ein Zaubertuch.

Der überraschte Junggeselle hörte dem Spatzen
aufmerksam zu.

„Leute, die Tochter des reichen alten Mannes im
Nachbardorf liegt wegen des Tausendfüßlers, der
tausend Jahre lang auf dem Dach des Hauses
gelebt hat, im Sterben, aber die Leute haben
keine Ahnung."

„Ich weiß. Wenn du das Dach entfernst und den
Tausendfüßler tötest, wird die Krankheit der
Tochter geheilt..."

Als er das hörte, warf der Junggeselle sofort sein
Gepäck ab und ging zum Haus des reichen alten
Mannes.

„Ich werde die Tochter dieser Familie retten, also
bring mir bitte eine große Leiter, eine Zigarette
und einen Feuerstein."

Der reiche alte Mann brachte sofort die Dinge,
die der Junggeselle sagte.

총각은 담배와 부싯돌을 들고
사다리를 타고 지붕으로 올라갔습니다.

총각이 지붕에 올라가 지붕을 들어내니
커다란 지네 한 마리가 꿈틀거리고 있었습니다.

총각이 부싯돌로 담배에 불을 붙였습니다,
그리고 지네에게 연기를 내뿜었더니
지네가 땅에 떨어져 죽었습니다.

총각은 부자 영감 딸의 목숨을 살렸습니다.

부자집에는 잔치가 벌어졌습니다.
부자 영감은 총각을 사위로 삼았습니다,

총각은 부자 영감의 외동딸과
행복하고 부유하게 오래오래 살았습니다.

Der Junggeselle kletterte mit einer Zigarette und einem Feuerstein auf einer Leiter auf das Dach.

Als der Junggeselle auf das Dach kletterte und das Dach anhob, zappelte ein großer Tausendfüßler.

Der Junggeselle zündete eine Zigarette mit einem Feuerstein an und als er den Tausendfüßler mit Rauch bespuckte, fiel dieser zu Boden und starb.

Der Junggeselle rettete das Leben der Tochter des reichen alten Mannes.

Im Haus der reichen Familie wurde ein Festmahl veranstaltet. Der reiche alte Mann nahm den Junggesellen als Schwiegersohn,

und der Junggeselle lebte glücklich und reich mit der einzigen Tochter des reichen alten Mannes.

Kulturnote

Am Anfang dieser Geschichte versuchen ein allmächtiger Berggeist und ein Tiger, einen jungen Mann zu bestrafen. Aber sie belohnen ihn für seine freundliche Persönlichkeit. Die Moral von der Geschichte ist, dass selbst wenn du arm bist wie der junge Mann, du eines Tages glücklich sein wirst, wenn du ein gutes Leben führst und Rücksicht auf andere nimmst.

Vokabeln

허름한 schäbig 변소 Toilette 조차 nicht einmal 뒷문 Hintertür 오줌 pinkeln
혼내주다 schelten 명령하다 befehlen 아니나 다를까 natürlich
중얼거리다 murmeln 차마 unmöglich 감탄하다 bewundern 부탁하다 fragen
조금 ein bisschen 무례하다 unhöflich sein 보자기 Wickeltuch
지나다니는 길목에 auf den Weg 슬쩍 heimlich 이튿날 am nächsten Tag
날씨 Wetter 이상한 merkwürdig 참새 Spatz 요술 Zauber
귀를 기울이다 zuhören 지네 Füßler 지게 Gespäck 사다리 Leiter 담배
Zigarette 부싯돌 Feuerstein 꿈틀거리다 zappeln 불을 붙이다 anzünden
연기 Rauch 내뿜다 bespucken 사위 Schwiegersohn ~ 삼다 nehmen
동딸 einzige Tochter 부유하게 reich

Sprichwörter

사나운 개도 먹여 주는 사람은 안다
(Wörtlich) Selbst wilde Hunde erkennen, wer sie füttert.
Eine dankbare Person nicht anzuerkennen, macht dich weniger als ein Biest.

Leseverständnis

 Der Geschichte zufolge können wir davon ausgehen, dass der Junggeselle allein lebte, weil er arm war.

A. Richtig B. Falsch

Der Geschichte zufolge hatte sein Haus kein Badezimmer, weil er es sich nicht leisten konnte.

A. Richtig B. Falsch

Der Geschichte nach ist das Pinkeln in den Berg etwas, das der Berggeist nicht mag.

A. Richtig B. Falsch

Der Tiger konnte den Junggesellen nicht verletzen, weil ...

A. der Tiger noch nie jemanden verletzt hat.
B. der Junggeselle seine Familie unterstützen musste.
C. der Tiger menschliche Freunde hatte. D. der Junggeselle gutherzig war.

Anhand der Geschichte können wir davon ausgehen, dass auch der Tiger und der Berggeist barmherzig sind.

A. Richtig B. Falsch

Die Geschichte besagt, dass der Junggeselle sich das Tuch um den Kopf gewickelt hat, weil der Tiger ihm das befohlen hat.

A. Richtig B. Falsch

Der Geschichte zufolge war die wahrscheinlichste Ursache für die mysteriöse Krankheit der Tochter des reichen alten Mannes war ...

A. der Tausendfüßler B. der Zigarettenrauch C. das Wickeltuch D. das Dach

Answer : B / A / A / D / A / B / A

효녀 심청
Die Filialtochter Shimcheong

옛날 어느 마을에
심봉사 라고 불리는 장님이 있었습니다.

Es war einmal ein blinder Mann namens
Shimbongsa in einem Dorf.

그에게는 심청이라는
착하고 이쁜 딸이 있었습니다.

Er hatte eine nette und hübsche Tochter
namens Shimcheong.

심청이는 장님인 아버지를 위해
열심히 일했습니다.

Shimcheong arbeitete hart für ihren blinden
Vater.

그뿐만 아니라, 심청이는 아버지를
사랑으로 보살폈습니다.

Und nicht nur das: Shimcheong kümmerte sich
liebevoll um ihren Vater.

어느 날 심봉사는 아버지를 위해 힘들게 사는
딸이 불쌍하게 느껴졌습니다.

Eines Tages hatte Shimbongsa Mitleid mit
seiner Tochter, die ein schweres Leben für
ihren Vater hatte.

그래서 심봉사는 딸에게
도움이 되고 싶었습니다.

심봉사는 돈을 벌기 위해 집을 떠났습니다.

Also wollte Shimbongsa seiner Tochter helfen.
Shimbongsa verließ sein Zuhause, um Geld zu
verdienen.

안타깝게도 그는 눈이 보이지 않아
개울에 빠졌습니다.

Leider ist er in einen Bach gefallen, weil er
nichts sehen konnte.

이걸 본 한 스님이 그를 구해주었습니다.

Ein Mönch, der das sah, rettete ihn.

스님은 쌀 삼백석을 시주하면
심봉사가 다시 앞을 볼 수 있다고 했습니다.

Der Mönch sagte, wenn er 300 Säcke Reis
spendet, kann er wieder sehen.

심봉사는 다시 앞을 볼 수 있다는 기쁨에
스님과 약속을 했습니다.

하지만 곧 후회했습니다.

심봉사는 가난해서
쌀 삼백석을 공양할 돈이
없었기 때문이었습니다.

심청이가 걱정하는 아버지의 얼굴을 보고서
이유를 물었습니다.

이유를 알게 된 심청이는
아버지를 돕고 싶었습니다.

때마침 심청이는
외국의 상인들이 무역하기 위해
조선에 왔다는 소식을 들었습니다.

그들은 인당수를 건너야 했지만,
물살이 너무 험해서
오랫동안 멈춰 있었습니다.

어쩔 수 없이 그들은 바다의 용왕님께
어린 처녀를 제물로 바치기로 했습니다.

이 이야기를 들은 심청이는 쌀 삼백석에
자신을 희생하기로 했습니다.

물론 심청이는 아버지에게는 말하지 않았습니다.

심청이는 떠나기 전날
아버지께 맛있는 음식을 만들어 드렸습니다.

심청이는 쌀 삼백석을 공양했습니다.

Shimbongsa gab dem Mönch aus Freude ein
Versprechen, dass er wieder sehen kann.

Aber er bereute es bald,

denn Shimbongsa war arm und hatte kein Geld,
um 300 Säcke Reis zu spenden.

Shimcheong sah das besorgte Gesicht ihres Vaters
und fragte, warum.

Shimcheong, die den Grund erfuhr, wollte ihrem
Vater helfen.

Gerade noch rechtzeitig hörte Shimcheong, dass
ausländische Kaufleute nach Joseon kamen, um
Handel zu treiben.

Sie mussten den Indangsu-Fluss überqueren, aber
die Strömung war so rau, dass sie lange Zeit
stehen blieben.

Unweigerlich beschlossen sie, dem Drachenkönig
des Meeres ein junges Mädchen zu opfern.

Als Shimcheong diese Geschichte hörte, beschloss
sie, sich für 300 Säcke Reis zu opfern.

Natürlich hat Shimcheong ihrem Vater nichts
davon erzählt.

Shimcheong hat am Tag vor ihrer Abreise ein
leckeres Essen für ihren Vater gekocht.

Shimcheong spendete 300 Säcke Reis.

하지만 안타깝게도,
스님은 약속을 지키지 않았습니다.

심청이는 상인들의 어선을 타고 가서
인당수로 몸을 던졌습니다.

바닷물에 빠진 심청이는 정신을 잃었습니다.

놀랍게도 심청이는 그곳에서
용왕님을 만났습니다.

용왕님은 심청이의 이야기를 들었습니다.

용왕님은 심청이를
커다란 연꽃에 태워서
바다 위로 띄워 주었습니다.

물 위로 떠 오른 심청이는
바다를 지나가던 왕의 눈에 띄어 결혼하여
왕비가 되었습니다.

왕비가 된 심청이는
아버지를 생각하면 항상 슬펐습니다.

그래서 심청이는 왕에게 요청하여
전국의 봉사를 초청하는 잔치를 열었습니다.

마침내 심청이는 아버지를 찾았습니다.

심청이는 아버지를 보자마자
아버지를 불렀습니다.

심봉사는 죽은 줄 알았던 딸의 목소리에
깜짝 놀랐습니다.

Leider hat der Mönch sein Versprechen nicht
gehalten.

Shimcheong ging auf ein Fischerboot eines
Händlers und stürzte sich in den Indangsu-Fluss.

Shimcheong, der ins Meer fiel, verlor das
Bewusstsein.

Überraschenderweise traf Shimcheong dort den
Drachenkönig.

Der Drachenkönig hörte die Geschichte von
Shimcheong.

Der Drachenkönig setzte Shimcheong auf eine
große Lotusblume und ließ sie über das Meer
schweben.

Shimcheong, die auf dem Wasser schwamm, fiel
dem König auf, der am Meer vorbeifuhr, heiratete
und wurde Königin.

Shimcheong, die eine Königin wurde, war immer
traurig, wenn sie an ihren Vater dachte.

Also bat Shimcheong den König, ein Fest zu
veranstalten, zu dem die Blinden aus dem ganzen
Land eingeladen werden sollten.

Endlich hat Shimcheong ihren Vater gefunden.

Sobald Shimcheong ihren Vater sah, rief sie ihm zu.
Shimbongsa war überrascht von der Stimme seiner
Tochter, die er für tot hielt.

Und mit dieser Überraschung öffnete Shimbongsa
seine Augen.

그리고 그 놀라움에 심봉사는 눈을 떴습니다.

심청이와 아버지는 오래오래 행복하게
잘 살았다고 합니다.

Überraschung öffnete Shimbongsa seine Augen.

Es heißt, dass Shimcheong und ihr Vater lange
Zeit glücklich gelebt haben.

Kulturnote

Das Märchen von Shimcheong ist eines der beliebtesten koreanischen Volksmärchen. Es wurde auch zu Pansori, einer koreanischen Oper, verarbeitet. Anhand dieser Geschichte kannst du sehen, wie sehr die Koreanerinnen und Koreaner kindliche Treue als einen wichtigen Wert ansehen. Durch die Aufopferung ihres Lebens für ihren Vater und die Reaktion des Drachenkönigs, der von ihrem gütigen Herzen gerührt ist, können wir auch sehen, dass kindliche Pietät gegenüber den Eltern ein Wert ist, den alle Mitglieder der koreanischen Gesellschaft teilen, auch die mythischen Wesen.

Vokabeln

봉사 Bongsa 장님 ein blinder Mann 이쁜 hübsch 보살피다 sich kümmern um 돕다 helfen 돈을 벌다 Geld verdienen 안타깝게도 leider 개울 Bach 때마침 Gerade noch rechtzeitig 외국의 ausländisch 상인 Kaufleute 무역 Handel 조선 Joseon 건너다 überqueren 물살 Strömung 험하다 Rauch 제물로 바치다 opfern 공양하다 spenden 어선 Fischerboot 연꽃 Lotusblume 눈에 띄다 auffallen 왕비 Königin 전국 aus dem ganzen Land

Sprichwörter

효성이 지극하면 돌 위에 풀이 난다.
**(Wörtlich) Äußerst hingebungsvolle kindliche Frömmigkeit lässt sogar
auf einem Stein Gras wachsen.**

Es bedeutet, dass, wenn die kindliche Frömmigkeit aufrichtig ist,
sogar der Himmel bewegt wird und ein Wunder zeigt.

Leseverständnis

Der Geschichte zufolge ist nicht klar, warum Shimbongsa blind wurde.

A. Richtig B. Falsch

Nach der Geschichte kümmerte sich Shimcheong liebevoll um seinen Vater, weil sie auch eine Behinderung hatte.

A. Richtig B. Falsch

Shimbongsa wollte ihrer Tochter helfen, indem sie ...

A. ihr bei der Arbeit helfen. B. Geld verdienen.
C. eine Petition einreichen. D. einen besser bezahlten Job suchen.

Ein Mönch rettete Shimbongsa, weil er dreihundert Säcke Reis haben wollte.

A. Richtig B. Falsch

Shimbongsa bereute es bald, dem Mönch ein Versprechen gegeben zu haben, denn ...

A. er glaubt nicht an die Lehren des Buddha.
B. er wollte nicht mehr sehen können.
C. er hatte nicht genug Geld.
D. er hat das Angebot des Mönchs missverstanden.

Shimcheong hat ihrem Vater nichts von ihrem Plan erzählt, weil sie dachte, dass ...

A. der Mönch seine Meinung ändern würde. B. der Magistrat es nicht erlaubt hat.
C. ihr Vater das ganze Geld nehmen würde. D. ihr Vater sich große Sorgen machen würde.

Shimbongsa war überrascht, die Stimme ihrer Tochter zu hören, denn ...

A. sie war anders als das, wie sie sonst klang.
B. er wusste nicht, wo er war.
C. er konnte nicht sehen, was sich vor ihm befand.
D. er dachte, sie sei tot.

Answer : A / B / B / B / C / D / D